이장렬 묵상시리즈 2

마태복음 1-2장을
중심으로 한

25 일간의
성탄 묵상

이장렬 지음

요단
JORDAN PRESS

마태복음 1-2장을 중심으로 한

25일간의 성탄 묵상

초판 1쇄 인쇄 2019년 11월 20일

지은이	이장렬
발행인	이요섭
펴낸곳	요단출판사
기획 편집	강성모
디자인	디자인이츠
제작	박태훈
영업	김승훈, 김창윤, 이대성, 정준용
	이영은, 김경혜, 정영아, 백지숙

등록 1973.8.23. 제13-10호
주소 07238) 서울특별시 영등포구 국회대로 76길 10
기획 문의 (02)2643-9155
영업 문의 (02)2643-7290
　　　　　Fax(02)2643-1877

구입 문의 인터넷서점 유세근
　　　　　요단인터넷서점 www.jordanbook.com

Copyright ⓒ 2019 요단

값 10,000원
ISBN 978-89-350-1789-8 03230

• 이 책은 저작권법에 따라 보호를 받는 저작물입니다. 무단전재와 복제를 금합니다.
• 파손된 책은 구입하신 서점에서 교환해 드립니다.

마태복음 1-2장을 중심으로 한
25일간의 성탄 묵상

이장렬 지음

추천사

연중 가장 바쁜 때가 12월일 듯 합니다. 12월은 한해를 마무리하고 새해를 설계해야 할 때이기도 합니다. 고 교회(High Church)전통은 성탄을 앞두고 강림절 준비를 하는 오랜 역사를 갖습니다. 그러나 복음주의 교회는 주로 바쁜 성탄절 준비에 온 교회가 바쁘게 활동을 합니다. 이런 활동의 한복판에서 우리는 실상 예수님의 임재를 상실하기도 합니다.

그래서 이장렬 교수님의 이번 도서 발간은 의미가 소중합니다. 탁월한 신학자이면서도 교회 현장에 관심을 가진 이장렬 교수의 묵상은 탁월합니다. 그의 묵상을 따라 12월 한 달간 매일 점심 전후로 15-20분의 시간을 가질 수 있다면 우리는 활동의 혼란 속에서 상실한 주님과의 동행을 회복할 수 있을 것입니다. 그리고 훨씬 의미 있는 성탄 맞이와 새해맞이 준비를 하게 될 것입니다.

고요한 밤, 거룩한 밤의 의미를 잃어버리고 있는 우리 시대 크리스천들에게 성탄 맞이의 소중한 선물로 이 책을 기쁘게 추천하고 싶습니다.

성탄의 의미에 고픈 한 순례자, 이동원 목사 드림
(지구촌 목회리더십 연구소 대표)

『25일간의 성탄 묵상』을 읽으며 성경을 향한 이장렬 교수의 사랑을 만날 수 있었습니다. 새로운 통찰력으로 가득 차 있는 이 책은 성경을 깊이 있게 보도록 만들고, 삶에 적용 되게 만드는 실제적인 묵상자료입니다. 성탄절을 말씀으로 준비하고, 기다리며 만날 수 있게 해줍니다. 이번 성탄에는 모든 성도들의 손에 이 책이 쥐어졌으면 좋겠습니다.

유관재 목사 (성광교회)

　이장렬 교수님의 『25일간의 성탄묵상』을 추천할 수 있어서 참으로 기쁘게 생각합니다. 본서의 출간을 통해 헬라어 원문을 바탕으로 꼼꼼히 성경을 묵상한 저자의 정성과 노력의 결실을 성도들이 함께 누릴 수 있음이 얼마나 큰 축복인지요! 주님께서 이 책을 대하는 독자들을 깊이 있는 말씀 묵상 가운데로 이끌어 주시리라 확신합니다. 본서를 통해 이 땅에 오신 하나님의 아들, 예수 그리스도를 깊이 묵상함으로 임마누엘의 큰 은혜를 누리는 이번 성탄이 되시길 축복합니다

국명호 목사(여의도침례교회)

추천사

　　성탄은 우리에게 어린 시절의 아련한 추억을 떠올린다. "크리스마스가 다가옵니다!"라고 거친 종이에 연필로 쓰며 한글을 배웠다. 성장해서는 예수 탄생의 신비로움을 노래하며 마냥 즐거웠다. 많은 시간이 흐른 지금 성탄이 너무 익숙해졌다. 신비로움도 그 기쁨과 설렘도 사라졌다. 그런데 금년 성탄은 좀 특별할 것 같다. 『25일간의 성탄 묵상』을 통하여 원문에서 퍼 올린 예수 탄생의 이야기를 마신다. 마치 청정 샘물을 만난 듯하다. 『25일간의 묵상』을 통해 많은 이들이 생명수 되신 성탄의 예수를 만나고 그와 동행하는 복을 누리기를 바라며 기쁨으로 추천한다.

정승룡 목사(대전 늘사랑교회)

　　이장렬 교수는 자신이 하나님의 말씀을 뜨겁게 사랑할 뿐만 아니라, 모든 적절한 수단과 방법을 활용해서 하나님의 말씀을 성도들이 쉽게 이해하고 적용할 수 있도록 돕는 일에 헌신하고 있다. 이번 묵상집은 성도들이 마태복음 1장과 2장을 읽고 묵상하면서 12월 1일부터 25일 동안 주님의 성탄을 고대하게 하고 또 우리를 위해 오신 주 예수님을 온 마음을 다해 찬미하며 예배할 수 있도록 돕기 위해 저술되었다. 무엇보다 묵상을 통해 단순히 말씀에 대한 정보적 지식을 확장시키는 것이 아니라, 구체적으로 말씀의 교훈을 실천할 수 있도록 배려한 점이 독특한 강점이다. 학문적인 인사이트도 적절히 사용하여 성도들에게 말씀에 대한 신선한 관점을 열어준 것 역시 본서의 장점이라고 여겨진다. 말씀을 사랑하고 말씀을 따라 살려고 애쓰고 분투하는 모든 성도들이 본서를 통하여 큰 유익을 얻으리라 확신하며 적극 추천한다.

정성욱 교수(미국 덴버신학대학원 조직신학)

남침례신학대학원 시절부터 20년간의 교제를 통하여 알아온 이장렬 교수님은 탁월한 신학자입니다. 그러면서도 이 교수님은 한국과 미국, 유럽 등에서의 다양한 체험을 바탕으로 성경해석을 오늘날 성도들의 삶의 자리와 연결시킴으로써 신학과 실천의 균형을 잃지 않는 목회자입니다.

탄탄한 성경주해와 밀도 있는 개인적 묵상을 통합한 이 교수님의 책은 성탄의 진정한 주인공이 누구인지 잊어버린 채 캐롤에 흥겨워하는 이 시대에 예수께서 이 땅에 오신 하나님의 아들이요 그리스도이심을 깨닫는 놀라운 시간을 선물할 것입니다. 예수님의 탄생을 깊이 묵상하고 축하하는 모든 분들에게 이 책을 강력 추천합니다.

안덕원 교수(횃불트리니티대학원대학교 실천신학)

추천사

해마다 12월이면 각 교회에서는 성탄절을 준비하기 위해 분주합니다. 그런데 교회 행사를 준비하는 데에 급급한 나머지 정말 성탄의 주인공이신 예수 그리스도를 잊은 것은 아닌지 걱정스럽기도 합니다. 그런 시기에 이장렬 교수님께서 심혈을 기울여 마태복음 1-2장을 원어로 묵상하시고 얻으신 깨달음과 진리를 담은 본 묵상집 『25일간의 성탄 묵상』이 출간된 것은 큰 의미가 있습니다.

성탄의 기쁨을 누리는 여러 방법들이 있을 것입니다. 그 방법들 중에 가장 좋은 방법은 무엇일까요? 바로 우리 주님의 탄생이 담긴 말씀을 읽으며 성탄의 의미를 되새기고, 그 충만한 은혜를 만끽하는 것이 성탄의 기쁨을 누리는 방법일 것입니다. 모쪼록 이번 성탄은 이장렬 교수님의 『25일간의 성탄 묵상』과 함께 성탄의 의미를 되새기고, 우리를 위해 이 땅에 오신 그리스도를 마음속 깊이 묵상하며, 그 은혜에 잠겨보는 것은 어떨까요? 성탄의 기쁨 가운데에 온전히 들어가고자 소원하는 모든 성도님께 이 책을 기쁜 마음으로 추천합니다.

이요섭 원장(기독교한국침례회 교회진흥원장)

예수 그리스도에 집중하기 어려운 시대, 그분을 제대로 알고 그분의 삶을 따라가기 원하는 이들이 믿음직스러운 이정표를 선물로 받았다. 이장렬 교수는 마태복음 1장과 2장의 말씀을 겸손하게 경청하고 꼼꼼하게 읽고 치밀하게 분석할 뿐 만 아니라 교회와 성도에 대한 사랑을 오롯이 담아 진지하면서도 친절하게 기도와 묵상과 일상의 자리로 독자들을 초대한다. 주님과 주님의 말씀에 주목하는 저자의 일관된 자세가 돋보이며 목자의 따뜻함과 학자의 정밀함과 성도의 신실함으로 주님이 오신 이유와 그리스도인의 참된 삶의 방식을 제시한다. 참된 제자의 여정에 내미는 저자의 손이 더없이 반갑고, 어깨동무하여 함께 걸어갈 수 있음이 크나큰 기쁨이다.

최성은목사(지구촌교회)

목 차

추천사 ・4

서언 ・12

이 책의 구성 및 활용방법 ・15

Day 1 마태는 왜 예수님의 탄생기사를 기록했을까? ・18

Day 2 우리의 굴곡진 삶과 예수님의 족보 ・24

Day 3 예수님의 족보에 등장하는 여인들 ・30

Day 4 한 세대를 살다(Living One Generation) ・36

Day 5 '바벨론'에 갔다고 다 끝장난 것은 아니다! ・42

Day 6 승리주의도, 패배주의도 아닌 그리스도의 길 ・48

Day 7 더 깊은 묵상과 기도 (I) ・54

Day 8 의로움의 또 다른 표현, 긍휼 ・60

Day 9 구원, 죄로부터의 구원 ・66

Day 10 참 하나님이시요, 참 사람이신 그리스도 ・72

Day 11 구약을 성취하시고, 완성하시는 예수 그리스도 ・78

Day 12 '하나님이 좀 가깝게 느껴졌으면……' ・84

CONTENTS

Day 13 말씀대로 순종하기 · 90

Day 14 더 깊은 묵상과 기도 (II) · 96

Day 15 참 왕이신 그리스도 · 102

Day 16 한 분 그리스도, 여러 반응들(1) · 108

Day 17 한 분 그리스도, 여러 반응들(2) · 114

Day 18 베들레헴이 굳이 중요한 이유 · 120

Day 19 그들의(그리고 우리의) 보배합 · 126

Day 20 성탄의 중심 · 132

Day 21 더 깊은 묵상과 기도 (III) · 138

Day 22 "내가 네게 이르기까지" · 144

Day 23 이스라엘, 참 이스라엘, 그리고 동일시(Identification) · 150

Day 24 슬픔과 통곡, 그리고 그 가운데 솟아나는 소망 · 156

Day 25 나사렛 사람 예수 · 162

맺으면서 · 168

부록: 송구영신 묵상 1 & 2 · 170

서언

　성탄을 앞두고 성도님들이 예수 탄생에 대한 말씀을 묵상하시는 데 도움을 드리고자 『25일간의 성탄 묵상』을 저술했습니다.
　이 책을 쓰기 위해서, 먼저 헬라어 원문으로 마태복음 1-2장을 천천히 읽고 묵상했습니다. 이번 25일간의 성탄 묵상 여정에서 독자들이 날마다 성경 본문을 직접 천천히 읽으면서 주님의 말씀을 경청하는 것보다 더 중요한 것은 없다고 확신합니다. 분명히 말씀드리지만, 이 책자는 성도들의 말씀 묵상을 돕기 위해 쓰인 것이지, 그들의 말씀 묵상을 대신해 주기 위해서 쓰인 것이 아닙니다. 이번 25일간의 말씀묵상의 여정을 통해 독자들이 성탄의 의미를 더 깊이 있게 발견하고, 성탄의 주인공인 예수 그리스도와 더욱 친밀하게 교제하고, 동행하게 된다면, 필자에게 그보다 더 영예로운 일은 없을 것입니다.
　이 책은 총 25일에 걸친 묵상으로 구성되었으며, 특별히 마태복음 1-2장의 각 구절을 충실하게 이해하고, 묵상하여, 삶에 적용하는 데 도움을 드리는 데 초점을 두고 있습니다. 마태복음 1-2장 본문이 예수 그리스도의 나심에 집중하고 있기에, 이 책 역시 주님의 나심에 집중합니다. 본서 전체에 걸쳐 해당 본문에 근거하여 마태가 탄생기사를 기록한 이유, 예수님의 계보에 등장하는 여인들, 의로움과 긍휼의 통합, 죄로부터의 구원, 그리스도의 정체성, 말씀대로 순종하기, 그리스도의 탄생에 대한 다양한 반응 등 여러 소주제들을 다루고 있지만, 그런 다양한 소주제들을 관통하는 대주제는 바로 성탄의 중심이신 예수 그리스도이십니다.

한편, 이 책에서는 주님의 나심이 그를 믿고 따르는 제자들(성도들)에게 어떤 의미가 있는지에 함께 주목했습니다. 즉, 우리를 위해 이 땅에 오신 하나님의 아들을 믿고, 성탄의 기쁨에 함께 참여하는 자들이 과연 지금 여기서(here and now) 어떻게 살아야 하는가에도 지속적인 관심을 기울였습니다.

본 묵상집의 형식과 구성에 있어 세 가지 눈에 띄는 점이 있습니다. 첫째, 25일간의 성탄 묵상여정 중 7일차, 14일차, 21일차는 새로운 본문에 대한 저자의 해설과 묵상을 제시하지 않고 해당 주간에 묵상했던 본문 전체를 리뷰하면서 더 깊은 묵상과 기도의 자리로 나아갈 수 있도록 준비했습니다. 아울러 '더 생각해 보기' 란을 통해 필자의 단상을 독자들과 추가로 나누었습니다. 둘째, 해당 본문에 대해 좀 더 깊이 이해하기 원하는 분들과 소그룹 묵상 나눔 인도자들을 돕기 위해 적잖은 분량의 미주를 달아 추가 설명을 제시했습니다. 물론 미주의 내용 없이도 이 책을 사용해서 말씀묵상을 하시는 데는 아무 지장이 없도록 준비했습니다. 셋째, 성탄 이후 곧 새해가 시작되는 점을 감안하여 두 편의 송구영신 묵상을 '부록'으로 추가했습니다.

『마태복음 1-2장을 중심으로 한 25일간의 성탄 묵상』 원고를 준비하는 과정에서 도움을 주신 양택식 목사님과 나일송 목사님께 감사의 말씀을 드립니다. 원고를 읽고 여러 유익한 제안을 해주신 이충재 박사님께 감사드립니다. 아울러 출판 준비 과정에서 여러 도움을 주신 교회진흥원 이요섭 원장님, 강성모 간사님, 김성집 목사님의 수고와 기도와 격려에 감사드립니다. 늘 기도해 주시고 부족한 제 모습 이대로 사랑해주시는 가족들 모두에게 감사드립니다.

　이 책을 쓰면서 제 하나뿐인 친동생 이혜림 집사가 특히 생각났습니다. 이혜림 집사는 필자가 근 20년간 외국에서 공부하고 또 교수생활을 해 오는 동안 부모님 곁에서 제가 해야 했을 많은 일들을 대신 감당해 주었습니다. 이제는 가정을 이루어 남편과 함께 사랑스러운 세 아이를 양육하면서, 통, 번역사로 자신의 전문영역에서도 좋은 활약을 하고 있습니다. 이 집사는 20년 전이나 지금이나 부모님 일이라면 만사 제쳐놓고 앞장서는 효녀입니다. 다른 무엇보다 주님 주신 은사를 통해 하나님 나라의 일을 섬기며 예수 그리스도를 사랑하는 이혜림 집사가 참 자랑스럽습니다. 이번 성탄 사랑하는 이혜림 집사의 삶 가운데 주님의 크신 은총이 함께 하시기를 간절히 바라고 또 기도합니다. 이 책을 제가 사랑하고 존경하는 동생, 이혜림 집사에게 헌정합니다.

2019. 10. 29.
미국 캔자스시티 미드웨스턴신학교 캠퍼스에서
이 장 렬

※ **이 책의 구성**

본서는 마태복음 1-2장을 묵상하는 25일 여정의 길잡이입니다. 매일의 묵상내용은 다음과 같이 구성되어 있습니다.

오늘의 본문 당일에 묵상할 성경 본문을 개역개정 번역으로 제시합니다.

저자 해설 및 묵상 해당 성경 본문에 대한 저자의 해설 및 저자 자신의 묵상을 제시합니다.

묵상과 적용을 위한 질문 본문에 대한 이해, 묵상, 적용을 돕기 위해 저자가 준비한 질문입니다. 질문에 대한 답을 손수 기록할 공간도 함께 제시되었습니다.

나만의 묵상 메모 독자들이 당일 성경 본문을 묵상하면서 받은 은혜를 자유롭게 기록하는 공간입니다.

저자와 함께 하는 한 줄 기도 당일 묵상한 성경 본문에 근거한 핵심 기도를 제시했습니다.

기도와 결단 독자들이 자신의 기도와 결단을 손수 적을 수 있는 공간입니다.

미주 해당 성경본문에 대한 이해를 돕기 위한 추가적인 설명으로 책 뒤편에서 보실 수 있습니다. 미주를 읽지 않으셔도 본 책자를 사용하여 말씀 묵상을 하시는 데는 전혀 지장이 없습니다. 하지만, (가) 묵상한 본문에 대해 더 잘 이해하기 원하는 분들 그리고 (나) 가정이나 교회의 소그룹에서 묵상 나눔 시간을 가질 때 소그룹리더로 섬기시는 분들은 제시된 미주들을 읽으시면 도움이 될 것입니다.

❋ 이 책의 활용방법

독자 개인 그리고 소속하신 교회나 소그룹의 성격과 필요에 따라 이 책을 활용하는 방식이 달라질 수 있을 것입니다. 그러므로, 이하에 제시된 활용순서를 '규칙'이 아니라 하나의 좋은 예 정도로 이해해 주시면 감사드리겠습니다.

1. 가급적 아침 일찍 또는 하루 중 가장 집중이 잘 되는 시간에 조용한 장소를 찾아 말씀 묵상을 시작합니다. 말씀 묵상의 첫 단추는 기도입니다. 당신의 마음 눈을 열어 성경을 깨닫게 해 달라고 주님께 기도하시기 바랍니다(눅 24:45).

2. 시작기도를 마친 후, 제시된 <오늘의 본문>을 2회 이상 천천히 기도하는 맘으로 읽습니다.

3. 본문을 읽은 후에 <저자 해설 및 묵상>을 정독합니다.

4. <저자 해설과 묵상>을 정독한 후, <묵상과 적용을 위한 질문>에 대한 자신의 답을 손수 적어봅니다.

5. 그리고나서, <오늘의 본문>을 다시 1회 이상 기도하는 맘으로 읽습니다. 그 과정에서 말씀이 더욱 심령 깊이 뿌리를 내리게 될 것입니다.

6. 아직 중요한 단계들이 남았습니다. 먼저, <나만의 묵상 메모>란에 당일 성경 묵상을 통해 받은 은혜와 감동의 기록을 남깁니다.

7. 이어 기도의 시간을 갖습니다. <저자와 함께 하는 한 줄 기도>로부터 시작하여, 당일 말씀 묵상에 근거한 독자 자신의 <기도와 결단>을 손수 기록합니다.

8. 아직 끝나지 않았습니다. 묵상한 말씀을 그날의 삶 가운데 적용하여 실천합니다. 묵상한 말씀을 기억하고, 주님과 동행하는 가운데 비로소 말씀 묵상이 완성됩니다.

9. 가정이나 교회 소그룹에서 이 책자를 사용해서 함께 묵상하시면 더욱 좋습니다. 정기적으로 말씀 묵상 나눔 시간을 가지시기 바랍니다. 적어도 일주일에 1회 묵상 나눔 시간을 가지면 좋겠습니다. 7일, 14일, 21일차 묵상내용은 이를 어느 정도 염두에 두고 준비했습니다. 가정과 소그룹의 묵상 나눔 시간은 예를 들어 다음과 같이 진행할 수 있을 것입니다.

(가) 시작 기도

(나) 찬송

(다) 한 주간 묵상한 본문 전체 낭독 혹은 교독

(라) 묵상 나눔: 한 주간 말씀 묵상을 통해 가장 많이 은혜를 받은 부분 및 그 이유 그리고 삶 가운데서 묵상한 말씀을 어떻게 실천하고 있는지에 대해 돌아가면서 나누는 시간

(마) 서로를 위해 기도하는 시간

(바) 마침 기도/찬송

(물론 묵상 모임의 성격과 필요에 따라 그 순서와 내용은 얼마든 조정과 변경이 가능합니다.)

마태는 왜 예수님의 탄생기사를 기록했을까?

오늘의 본문

1:1 아브라함과 다윗의 자손 예수 그리스도의 계보라

1:16 야곱은 마리아의 남편 요셉을 낳았으니 마리아에게서 그리스도라 칭하는 예수가 나시니라

1:17 그런즉 모든 대 수가 아브라함부터 다윗까지 열네 대요 다윗부터 바벨론으로 사로잡혀 갈 때까지 열네 대요 바벨론으로 사로잡혀 간 후부터 그리스도까지 열네 대더라

저자 해설 및 묵상

현재 전 세계의 인구는 77억명(2019. 10. 28 기준: https://www.worldometers.info/kr/)을 지나고 있다. 지금도 지구촌 곳곳에서 하루 평균 35~40만명의 신생아들이 태어나고 있다. 모든 새생명의 출생은 그 생명을 사모하고 기다리는 모든 이들에게 큰 기쁨을 선사한다. 특별히 2,000여 년 전 유대 땅 작은 마을에 태어난 한 아기의 탄생은 매년 마다 우리의 마음을 설레게 한다. 그 아기의 탄생은 하나님의 영원한 아드님께서 그 높고 존귀한 보좌를 다 내려 놓으시고, 우리에게 영원한 생명, 영원한 나라를 주시기 위하여 친히 인간이 되셨음을 뜻하기 때문이다(요 1:1-18; 빌 2:6-7 참조).

신약성경에서 그리스도의 나심에 대한 가장 집중적인 보도는 마태복음 1-2장 그리고 누가복음 1-2장에서 발견된다. 우리는 앞으로 25일간의 성탄 묵상 여정에서 마태가 기록한 예수님의 탄생기사(마 1-2장)에 집중하고자 한다. 세속적 문화 혹은 종교적 습관의 영향 가운데 살면서 '메리 크리스마스!'를 연발하지만 막상 성탄의 본질은 놓치기가 쉬운 것이 오늘의 현실이다. 그런 현실을 직시하면서, 필자는 이 묵상의 여정이 독자들로 하여금 성탄의 본질에 조금 더 가까이 나아가는데 작은 도움이 되기를 바란다. 그리고 독자들이 예수 그리스도를 더 사랑하고, 하나님 말씀을 더 사랑하게 되는데 있어 이 책이 작은 격려가 되길 바란다.

그런데 한 가지 먼저 생각해 볼 질문이 있다. 바로 '마태는 왜 예수님의 탄생 기사를 기록했을까?'라는 질문이다. 이 질문에 대해 답하는 방식이 몇 가지 있겠지만, 필자의 생각에 이 질문에 대한 가장 핵심적인 답변은 바로 '예수님이 부활하셨기 때문'이다. 탄생 기사를 묵상하기 시작하려는 찰나에 부활을 바로 언급하는 것이 좀 어색하거나 성급하다고 생각할 수 있다. 하지만 조금만 생각해 보면 이는 절대 어색한 답변이 아니다. 만일 그리스도께서 부활하지 않으셨다면, 마태를 비롯한 제자들이 그의 죽음에 대해 안타까워하고, 애도할지언정 그를 하나님의 아들로 믿고 따르며, 복음을 전하고, 기록하는 일을 하지는 않았을 것이다. 사실 부활하신 주님을 직접 대면하기 전까지 제자들은 유대 관원들을 무서워하여 문을 있는 대로 다 잠근 채 숨어 지내고 있었다(요 20:19).

그리스도께서 부활하지 않으셨다면 마태를 비롯한 제자들이 그의 탄생에 대해 언급할 일이 아마 없었을 것이다. 그러나 예수께서는 약속하신 대로 부활하셨고(마 28장), 부활하신 주님을 대면한 제자들은 그분이 왜 죽으셔야 했는지에 대해 묵상하게 됐다. 제자들은 부활하신 주님의 가르침, 성령의 인도하심, 그리고 그리스도 중심의 구약성경 해석을 통해 예수님의 십자가 죽음이 자신들의 죄, 이스라엘의 죄, 그리고 인류의 죄를 위한 대속적 죽음임을 확신케 되었다(마 20:28; 26:28; 27장). 아울러 예수님이 부활하셨기에 제자들은 그들이 주님과 보냈던 시간들을 되새길 수 있었다. 또한 주님이 가르치고, 행하신 일들을 새로운 시각에서 바라보게 됐다. 특히 부활하신 예수님을 대면하면서 다시 사신 주님께서 친히 주시는 계시(마 28:16-20; 눅 24:36-53; 요 20:19-21:25; 행 1:1-11)를 통해 그리스도께서 하나님의 아들 되시고, 죄를 지신 대속자 되시며, 죽음의 권세를 이기신 승리자이시고, 제자들과 교회에 구원과 영생을 주시는 유일한 구원자이심을 확신케 됐다.

그렇다! 마태가 그리스도의 나심에 대해 그의 책 서두에 기록한 이유를 짧게 말하면 그리스도께서 죽으셨고 부활하셨기 때문이다. 그리고 '부활'이란 말은 죽으셨다가 다시 사심을 의미한다. 그리스도께서 죽으시고, 부활하지 않으셨다면 그리스도의 탄생 기사(마 1-2장)를 포함한 마태복음 전체는 아예 쓰이지조차 않았을 것이다. 우리는 마태가 쓴 책을 '복음'으로 부르지만, 복음(즉, 예수님의 십자가 죽음과 부활)[1]은 그가 신약성경 내의 첫번째 책을 기록한 이유이기도 하다. 그리스도의 죽으심과 부활이 마태복음이 쓰여진 이유요, 마태가 주님의 나심에 대해 기록한 이유라면, 이번 25일간의 성탄 묵상 여정 가운데 우리의 초점은 다른 무엇이 아닌 바로 십자가에 못 박혀 우리 대신 죽으시고, 죽음 권세 이기시고, 부활하신 살아계신 주 예수님에게 맞춰져야 한다.

---

1 고전 15:3-4을 보라.

묵상과 적용을 위한 질문

25일간의 성탄 묵상 여정을 시작하는 당신 마음의 중심에 십자가에서 죽으시고 부활하신 그리스도가 자리잡고 있나요? 혹시 죽으시고 부활하신 그리스도 외의 다른 무엇이 그 자리를 대신하고 있진 않나요?

나만의 묵상 메모

오늘 묵상을 통해 주시는 은혜와 감동을 자유롭게 기록해 보세요.

저자와 함께하는 한 줄 기도

25일간의 성탄 묵상 여정 가운데 십자가에 죽으시고 부활하신 그리스도가 초점되게 하소서.

기도와 결단

오늘 묵상한 말씀의 적용과 삶의 결단을 담아 자신의 기도를 적어보세요.

 우리의 굴곡진 삶과 예수님의 족보[1]

오늘의 본문

1:1 아브라함과 다윗의 자손[2] 예수 그리스도의 계보[3]라

1:2 아브라함이 이삭을 낳고 이삭은 야곱을 낳고 야곱은 유다와 그의 형제들을 낳고

1:3 유다는 다말에게서 베레스와 세라를 낳고 베레스는 헤스론을 낳고 헤스론은 람을 낳고

1:4 람은 아미나답을 낳고 아미나답은 나손을 낳고 나손은 살몬을 낳고

1:5 살몬은 라합에게서 보아스를 낳고 보아스는 룻에게서 오벳을 낳고 오벳은 이새를 낳고

1:6 이새는 다윗 왕을 낳으니라 다윗은 우리야의 아내에게서 솔로몬을 낳고

1:7 솔로몬은 르호보암을 낳고 르호보암은 아비야를 낳고 아비야는 아사를 낳고

1:8 아사는 여호사밧을 낳고 여호사밧은 요람을 낳고 요람은 웃시야를 낳고

1:9 웃시야는 요담을 낳고 요담은 아하스를 낳고 아하스는 히스기야를 낳고

1:10 히스기야는 므낫세를 낳고 므낫세는 아몬을 낳고 아몬은 요시야를 낳고

1:11 바벨론으로 사로잡혀 갈 때에 요시야는 여고냐와 그의 형제들을 낳으니라

1:12 바벨론으로 사로잡혀 간 후에 여고냐는 스알디엘을 낳고 스알디엘은 스룹바벨을 낳고

1:13 스룹바벨은 아비훗을 낳고 아비훗은 엘리아김을 낳고 엘리아김은 아소르를 낳고
1:14 아소르는 사독을 낳고 사독은 아킴을 낳고 아킴은 엘리웃을 낳고
1:15 엘리웃은 엘르아살을 낳고 엘르아살은 맛단을 낳고 맛단은 야곱을 낳고
1:16 야곱은 마리아의 남편 요셉을 낳았으니 마리아에게서 그리스도라 칭하는 예수가 나시니라
1:17 그런즉 모든 대 수가 아브라함부터 다윗까지 열네 대요 다윗부터 바벨론으로 사로잡혀 갈 때까지 열네 대요 바벨론으로 사로잡혀 간 후부터 그리스도까지 열네 대더라

저자 해설 및 묵상

왜 저자 마태는 예수님 이야기를 굳이 족보 이야기로 시작하는가? 책의 시작부터 족보를 대하자니 조금 따분하고 지루하지 않은가? 왜 마태는 예수 그리스도의 탄생에 대한 구체적 묘사와 보도(마 1:18 이하)에 앞서 굳이 족보를 언급하는가? 신학자들이 지적하듯 이 족보가 다윗 가문에서 태어난 왕적인 메시아(royal messiah)의 계보임은 틀림없지만(마 1:1, 6, 16-17), 솔직히 여기에 좋은 이야기만 들어있는 것도 아니지 않는가? 예수님의 족보 안에 포함되어 있는 다음 몇 가지에 대해 잠시만 생각해 보라.

- 유다가 며느리 다말로부터 베레스와 세라를 낳은

것에 대한 언급(마 1:3) - 유다가 며느리 다말을 창녀로 생각하고 관계를 가졌다는 사실은 그의 성적 부도덕함을 보여준다.
- 다윗왕이 '우리야의 아내'로부터 후계자 솔로몬을 낳았다는 언급(마 1:6) - 그에 앞서 다윗은 우리야의 아내 밧세바와 간음을 범했으며, 이를 은폐하려던 그의 교활한 시도가 어긋나자 살인을 교사하여 충성된 부하 우리야를 죽인다.
- 바벨론 포로생활에 대한 반복된 언급(마 1:11, 12, 17) – 바벨론으로의 강제이주는 언약공동체가 멸망, 그리고 하나님께서 그의 택하신 백성 가운데 거하심을 생생히 의미했던 성전의 종말을 뜻하는데, 이는 말 그대로 세상이 뒤집히는 것[the world upside down] 같은 충격을 가져오는 사건이었다.

이처럼 마태는 예수님의 족보를 기록하면서 가문의 치명적 과거를 숨기지 않고, 오히려 있는 그대로 드러낸다(사실 필자가 몇 가지만 예로 든 것뿐이지 그 외에도 다른 선조들의 수치스러운 이야기들도 예수님의 족보 안에 암시되어 있다). 그렇게 함으로써 마태는 하나님의 아들(마 28:16-20)이 이스라엘의 굴곡지고, 상처 많고, 죄악된 역사의 한복판으로 성육신 하셨음을 보여준다. 예수님의 계보는 그리스도께서 구약의 모든 약속과 예언을 이루시는 분이심을 나타낸다. 아울러 그의 백성들의 부족함, 연약함, 치명적 실수에도 불구하고 언약에 신실하신 하나님을 보여준다. 성육신 하신 예수 그리스도는 신실하신 하나님의 최종적 계시다(요 14:9).

예수 그리스도는 인간의 실존을 그저 초월하거나 그것을 경멸, 외면, 무시하시는 분이 아니다. 그리스도께서는 인간 실존의 한 가운데로 친히 들어오셨다. 그렇기에 굴곡지고, 상처 많고, 죄악된 우리 삶을 있는 그대로 그리스도께 아뢸 수 있다. 우리 전 존재를 가감없이 그리스도께 내맡길 수 있다. 그분께 '내 모습 이대로 주 받아 주소서'(새찬송가 214장 후렴)라고 고백할 수 있다.

---

1. 마태의 족보(마 1:1-17) 와 누가의 족보(눅 3:23-38)는 모두 모든 세대, 모든 인물들을 예외없이 기록한 것이 아니며, 각 저자의 의도와 목적의 견지에서 중요한 인물들을 선별해서 제시한 족보다. 마태의 족보는 구약의 족보들처럼 선조로부터 시작하여 후대로 내려가는 족보이고, 누가의 족보는 헬라-로마권의 족보들처럼 후손으로부터 시작해서 조상으로 거슬러 올라가는 족보다. 누가의 족보는 아브라함을 넘어, 온 인류의 조상인 아담, 그리고 하나님께로 거슬러 올라가는 특징을 갖고 있으며 누가복음서 내에서 (그리스도의 탄생기사 내부가 아니라) 공생애 시작 전 부분에 위치하고 있다. 누가의 그리스도 탄생기사(눅 1-2장)는 '주의 길을 예비하는 자' 침(세)례요한의 탄생에 관련된 내용을 많이 담고 있으며(특히 눅 1장), 예배와 찬양의 요소(눅 1:46-55; 1:68-79; 2:13-14; 2:20; 2:29-32; 2:38)가 강조되는 특징을 갖고 있다. 본 묵상집은 마태의 그리스도 탄생기사(마 1-2장)에 집중한다.
2. '다윗의 자손'이란 호칭 자체는 1세기 유대교의 맥락에서 '메시아(그리스도)'와 상호교환 가능한 호칭이다. 시편 2편, 9편, 사무엘하 7:14을 참조하라.
3. 창세기 2:4; 5:1을 참고하라.

묵상과 적용을 위한 질문

당신의 인생과 가정의 역사 중 가장 숨기고 싶은 부분은 무엇인가요? 그것마저 그리스도께 아뢰고 다 내어 드리기 원하는지요? 주님께서 당신의 삶을 다스리시도록 내드리는 것이 진정한 행복의 열쇠임을 믿으시나요?

나만의 묵상 메모

오늘 묵상을 통해 주시는 은혜와 감동을 자유롭게 기록해 보세요.

저자와 함께 하는 한 줄 기도

제 삶의 요동과 굴곡에 상관없이 주님께 모든 것 아뢰고 내어 드리며 살게 하소서.

 기도와 결단

오늘 묵상한 말씀의 적용과 삶의 결단을 담아 자신의 기도를 적어 보세요.

 예수님의 족보에 등장하는 여인들

오늘의 본문

1:1 아브라함과 다윗의 자손 예수 그리스도의 계보라

1:2 아브라함이 이삭을 낳고 이삭은 야곱을 낳고 야곱은 유다와 그의 형제들을 낳고

1:3 유다는 다말에서 베레스와 세라를 낳고 베레스는 헤스론을 낳고 헤스론은 람을 낳고

1:4 람은 아미나답을 낳고 아미나답은 나손을 낳고 나손은 살몬을 낳고

1:5 살몬은 라합에게서 보아스를 낳고 보아스는 룻에게서 오벳을 낳고 오벳은 이새를 낳고

1:6 이새는 다윗 왕을 낳으니라 다윗은 우리야의 아내에게서 솔로몬을 낳고

1:7 솔로몬은 르호보암을 낳고 르호보암은 아비야를 낳고 아비야는 아사를 낳고

1:8 아사는 여호사밧을 낳고 여호사밧은 요람을 낳고 요람은 웃시야를 낳고

1:9 웃시야는 요담을 낳고 요담은 아하스를 낳고 아하스는 히스기야를 낳고

1:10 히스기야는 므낫세를 낳고 므낫세는 아몬을 낳고 아몬은 요시야를 낳고

1:11 바벨론으로 사로잡혀 갈 때에 요시야는 여고냐와 그의 형제들을 낳으니라

1:12 바벨론으로 사로잡혀 간 후에 여고냐는 스알디엘을 낳고 스알디엘은 스룹바벨을 낳고

1:13 스룹바벨은 아비훗을 낳고 아비훗은 엘리아김을 낳고 엘리아김은 아소르를 낳고
1:14 아소르는 사독을 낳고 사독은 아킴을 낳고 아킴은 엘리웃을 낳고
1:15 엘리웃은 엘르아살을 낳고 엘르아살은 맛단을 낳고 맛단은 야곱을 낳고
1:16 야곱은 마리아의 남편 요셉을 낳았으니 마리아에게서 그리스도라 칭하는 예수가 나시니라
1:17 그런즉 모든 대 수가 아브라함부터 다윗까지 열네 대요 다윗부터 바벨론으로 사로잡혀 갈 때까지 열네 대요 바벨론으로 사로잡혀 간 후부터 그리스도까지 열네 대더라

저자 해설 및 묵상

고대의 족보는 남성 중심이기 때문에 여성들은 일반적으로 족보에 언급되지 않는다. 그런데 마태가 기록한 예수님의 족보는 여러 명의 여성을 언급한다. 이는 마태복음이 기록된 시대의 문화적 맥락을 고려할 때 매우 주의 깊게 살펴야 할 일이다. 예수님의 족보에 등장하는 여인들은 다음과 같다.

- 다말: 유다의 첫째 며느리로 가나안인이었다. 창녀로 가장하여 시아버지 유다와 관계를 갖고 쌍둥이 아들(베레스와 세라)을 낳았다(창 38장).
- 라합: 가나안(여리고성)의 기생으로 이스라엘의 가나안 입성 과정 중 이스라엘의 두 정탐꾼들을

도왔다(수 2장). 후에 보아스를 낳았다.
- 룻: 모압 여인으로 남편을 잃고, 시어머니의 신앙을 따라 시어머니의 고향으로 함께 이주하여 후에 보아스와 결혼했다(룻기).
- 우리야의 아내(밧세바): 다윗의 충신이었던 헷(히타이트) 사람 우리야의 아내로 다윗과 부정한 관계를 가졌다. 다윗은 이 사실을 은폐하려다가 그 계획이 실패로 돌아가자 우리야를 살해했다. 그리고 밧세바는 다윗의 아내가 되었다(삼하 11장). 밧세바는 후에 다윗의 후계자인 솔로몬을 낳았다.
- 마리아: 요셉의 정혼자로 예수님의 모친이다.[1]

족보에 기록된 여성들을 보면 하나님께서 비천한 자들을 결코 무시하지 않으시는 분이심을 알 수 있다. 저자 마태가 살던 당시 유대 사회의 여성은 족보는 커녕 사람 수를 셀 때도 포함되지 않는 존재였다. 그런데 마태가 기록한 예수님의 족보에는, 여러 명의 여성들이 언급된다. 이 여성들 중 남편을 잃고 친정으로 쫓겨난 여인도 있고, 가나안의 기생 출신도 있고, 어린 나이에 남편을 잃고 시모를 따라온 처량한 이민자 과부도 있으며, 간음을 행한 여인도 있다. 사실 우리 기준에서 볼 때, 예수의 모친 마리아를 제외하곤 '문제 있는' 여성들만 메시아의 족보에 등장하는 듯하다.[2] 예수님의 족보에 여성을 꼭 포함하고 싶다면 차라리 사라, 리브가나 레아, 라헬 같은 분들을 넣을 수도 있지 않았을까? 하는 생각도 든다.

게다가 예수의 모친 마리아에 앞서 언급된 네 명 중 셋은(다말, 라합, 룻) 이방인 출신이다. 좀 의아하다.

하지만 잊지 말자. 예수 그리스도는 이스라엘의 영웅들(히 11장)이 기다렸던 메시아인 동시에 가장 비천하고, 말째처럼 보이는 이들을 위한 메시아다![3] 예수님은 유대인과 이방인 모두를 위한 메시아이다.

우리 주 예수님은 자신이 비천하고, 말째 같으며, 이방인 같은 존재라고 낙담하는 이들에게 소망을 주시는 분이다. 그렇기 때문에 우리에게도 희망이 있다. 예수님의 족보에 들어있는 여인들의 이름이 이를 우리에게 생생하게 보여준다.

---

1. 마태복음 1:16 하반절의 "야곱은 마리아의 남편 요셉을 낳았으니 마리아에게 그리스도라 칭하는 예수가 나시니라"라는 언급은(이어지는 마태복음 1:18-25에서 묘사되고 보도된 바와 같이) 예수님이 동정녀 마리아로부터 나셨음을 암시하고, 나아가 그리스도의 신성을 암시한다. 마태복음 1:16을 통해 (1) 요셉이 (예수의 아버지가 아니라) 마리아의 남편으로 제시되어 있다는 사실과 (2) (요셉이 예수를 낳은 것이 아니라) 예수가 마리아로부터 태어났다는 사실에 마태가 주목한다는 점을 간과해선 안 된다.
2. 물론, 마리아의 경우도 부정한 관계를 통해 아기를 낳았다는 비난과 소문으로부터 완전히 자유롭진 않았을 것이다.
3. 메시아를 통해 찾아오는 하나님의 나라는 말째가 첫째가 되곤 하는 나라다 (막 10:31 참고).

묵상과 적용을 위한 질문

예수의 계보에 등장하는 여인들의 특징은 무엇입니까? 그 여인들의 면모가 하나님과 예수 그리스도에 관해 무엇을 가르쳐 주나요? 또 당신에게 어떤 희망을 주나요?

나만의 묵상 메모

오늘 묵상을 통해 주시는 은혜와 감동을 자유롭게 기록해 보세요.

저자와 함께하는 한 줄 기도

세상이 우리를 어떻게 보는지에 상관없이 은혜로우신 주님으로 인해 새 소망이 넘치게 하소서.

기도와 결단

오늘 묵상한 말씀의 적용과 삶의 결단을 담아 자신의 기도를 적어 보세요.

한 세대를 살다
(Living One Generation)

오늘의 본문

1:1 아브라함과 다윗의 자손 예수 그리스도의 계보라

1:2 아브라함이 이삭을 낳고 이삭은 야곱을 낳고 야곱은 유다와 그의 형제들을 낳고

1:3 유다는 다말에게서 베레스와 세라를 낳고 베레스는 헤스론을 낳고 헤스론은 람을 낳고

1:4 람은 아미나답을 낳고 아미나답은 나손을 낳고 나손은 살몬을 낳고

1:5 살몬은 라합에게서 보아스를 낳고 보아스는 룻에게서 오벳을 낳고 오벳은 이새를 낳고

1:6 이새는 다윗 왕을 낳으니라 다윗은 우리야의 아내에게서 솔로몬을 낳고

1:7 솔로몬은 르호보암을 낳고 르호보암은 아비야를 낳고 아비야는 아사를 낳고

1:8 아사는 여호사밧을 낳고 여호사밧은 요람을 낳고 요람은 웃시야를 낳고

1:9 웃시야는 요담을 낳고 요담은 아하스를 낳고 아하스는 히스기야를 낳고

1:10 히스기야는 므낫세를 낳고 므낫세는 아몬을 낳고 아몬은 요시야를 낳고

1:11 바벨론으로 사로잡혀 갈 때에 요시야는 여고냐와 그의 형제들을 낳으니라

1:12 바벨론으로 사로잡혀 간 후에 여고냐는 스알디엘을 낳고 스알디엘은 스룹바벨을 낳고

1:13 스룹바벨은 아비훗을 낳고 아비훗은 엘리아김을 낳고 엘리아김은 아소르를 낳고
1:14 아소르는 사독을 낳고 사독은 아킴을 낳고 아킴은 엘리웃을 낳고
1:15 엘리웃은 엘르아살을 낳고 엘르아살은 맛단을 낳고 맛단은 야곱을 낳고
1:16 야곱은 마리아의 남편 요셉을 낳았으니 마리아에게서 그리스도라 칭하는 예수가 나시니라
1:17 그런즉 모든 대 수가 아브라함부터 다윗까지 열네 대요 다윗부터 바벨론으로 사로잡혀 갈 때까지 열네 대요 바벨론으로 사로잡혀 간 후부터 그리스도까지 열네 대더라

저자 해설 및 묵상

일반적으로 한 '세대'(generation)를 30년 단위로 잡는다. 그러나 평균수명이 계속 늘어나고, 일할 수 있는 기간도 그만큼 늘어나는 데다, 결혼시기가 적잖이 늦어지는 현대 사회의 특성상 한 세대의 단위를 40-50년 혹은 그 이상으로 늘려야 할지도 모르겠다.

마태가 제시하는 예수님의 족보(막 1:1-17)는 각각 14세대로 구성된 3개의 단위, 총 42세대로 구성된다. 믿음의 조상이며, 유대인들이 '아버지'로 불렀던 아브라함, 마태가 제시하는 족보에서 유일하게 '왕'으로 불리는 다윗, 그리고(긍정적인 그리고 부정적인 뜻에서) 쟁쟁하게 살았던 인물들이 예수님의 족보에서 언급되지만, 그들은 모두 정해진 세대에서 각자에게 주어진 시간을 살았다

는 공통점이 있다.

우리 역시 마찬가지다. 우리 모두 하나님이 우리 각자에게 주신 한 번뿐인 삶 가운데 정해진 세대에서 주어진 시간을 살아간다. 앞선 세대가 남겨준(건설적이고 파괴적인) 유산을 떠안은 채 살아가며, 우리 또한 우리가 세운(건설적이고 파괴적인) 유산을 후대에게 물려준다. 그러나 이 땅에서 정해진 세대를 어떻게 보내는가는 각 개인과 공동체의 책임이다. 자신의 세대가 마치 유일한 세대인 것 같은 확대된 자기애와 과장된 자부심은 경계해야겠지만, 역사의 흐름 가운데 우리가 갖고 있는 개인적, 공동체적, 사회적 책임에 대해 간과하는 실수 역시 범해선 안 된다.

많은 이들이 이 땅에서 자신이 영원히 살 것처럼 산다. 이전 세대에 대해서는 '제때 물러나지 않았다'고 비난이나 불평을 하는 이들도 자신이 막상 같은 나이가 되면 물러나지 않으려 애쓰곤 한다. 그러나 우리가 어떻게 생각하느냐에 상관없이, 그리스도께서 우리 생전에 오시지 않는 한, 우리 역시 앞서간 세대들처럼 다음 세대에게 바톤을 넘겨주고 역사의 뒤안길로 물러나게 될 것이다.

당신에게 묻는다. 당신의 세대를 어떻게 살 것인가? 이 땅에서 주어진 시간을 어떻게 소비할 것인가? 당신에게 주어진 믿음의 유산을 어떻게 계승, 정화, 발전시킬 것인가? 그리고 어떤 믿음의 유산을 다음 세대에게 물려줄 것인가? 지금까지 당면한 일들을 하는데 분주해서 이런 생각을 거의 못 하고 지냈더라도 괜찮다. 이제부터 새로이 시작하면 된다. 오늘은 바로 당신의 남은 생애 중 첫 번째 날이다!

묵상과 적용을 위한 질문

우리 모두 주님 앞에 서게 될 것입니다(히 9:27 참조). 당신은 당신에게 주어진 시간을 어떻게 사용하고 계십니까? 다음 세대를 위해 어떤 유산을 만들고 계시나요? 남은 인생의 여정 중 꼭 완수해야 할 책임과 소명은 무엇인가요?

 나만의 묵상 메모

오늘 묵상을 통해 주시는 은혜와 감동을 자유롭게 기록해 보세요.

저자와 함께하는 한 줄 기도

이땅에서 주어진 시간을 살면서 주님 앞에서 의미있는 믿음의 유산을 만들게 하소서.

기도와 결단

오늘 묵상한 말씀의 적용과 삶의 결단을 담아 자신의 기도를 적어보세요.

# '바벨론'에 갔다고 다 끝장난 것은 아니다!

오늘의 본문

1:1 아브라함과 다윗의 자손 예수 그리스도의 계보라
1:12 바벨론으로 사로잡혀 간 후에 여고냐는 스알디엘을 낳고 스알디엘은 스룹바벨을 낳고
1:17 그런즉 모든 대 수가 아브라함부터 다윗까지 열네 대요 다윗부터 바벨론으로 사로잡혀 갈 때까지 열네 대요 바벨론으로 사로잡혀 간 후부터 그리스도까지 열네 대더라

저자 해설 및 묵상

정교하게 14대×3으로 구성된 예수님의 계보에서 바벨론에 관한 언급이 거듭 등장한다. 첫번째는 '바벨론으로 사로잡혀 갈 때'에 대한 언급(마 1:11)이고, 두번째는 '바벨론으로 사로잡혀 간 후'에 대한 언급(마 1:12)이다.[1] 세번째는 마태가 제시한 족보의 요약 및 결론이라고 할 수 있는 17절의 언급이다. "그런즉 모든 대 수가 아브라함부터 다윗까지 열네 대요 다윗부터 바벨론으로 사로잡혀 갈 때까지 열네 대요 바벨론으로 사로잡혀 간 후부터 그리스도까지 열네 대더라"(마 1:17). 마태가 제시한 족보의 중심은 물론 예수 그리스도이시지만(마 1:1; 1:16-17), 그 중심과 연결된 세 개의 중간축은 아브라함, 다윗, 그리고 놀랍게도(!) 바벨론 유수다. 저자 마태는 분명 바벨론에

포로로 잡혀갔던 일에 주목하고 있다.

주전 6세기의 성전 훼파, 그리고 바벨론 포로생활은 유대인들로 하여금 '이제 모든 게 완전히 다 끝났다'라고 생각하게 만들었을 것이다. 하나님의 임재의 장소요, 희생제사의 공간인 성전이 파괴되고, 하나님의 백성이 이방인(이방신을 섬기는 이들)의 땅에 포로로 잡혀간 일은 그들에게 온 세상이 뒤집힌 것 이상의 충격을 주었을 것이다. 필자는 목회자들을 대상으로 한 강의에서 "섬기시는 교회에 화재가 나서 교회건물 전체가 전소되었다면 어떤 생각이 드시겠습니까?" 하고 물은 적이 있다. 실제 상황이 아님에도 금세 한숨 소리가 들려왔다. 이윽고 필자는 말했다. "당시 이스라엘 백성들에게 있어 성전의 멸망은 교회건물 전소보다 100배 이상의 충격과 공포를 가져오는 사건이었습니다."

그렇게 중요했던 성전, 하나님 임재의 공간이요, 죄용서와 회복의 터전인 성전이 초토화 되었다. 나라는 패망했다. 하나님의 백성은 이방신에게 희생제사를 드리는 이들의 포로가 되어 버렸다. 그러나 하나님의 역사는 거기서 끝나거나 중단되지 않는다! 성전이 파괴되고, 나라를 잃고, 이방인의 땅에서 포로 신세가 되었다고 하나님이 더 이상 일하지 않으신다는 뜻은 결코 아니다.

마태가 제시하듯, 메시아의 족보는 바벨론 유수로 인해

중단되지 않는다. 바벨론에 잡혀간 이후에도 메시아의 족보는 계속 이어진다. 예수 그리스도가 나실 때까지 말이다(마 1:16-17).

바벨론 유수의 원인은 이스라엘의 배교와 우상숭배였다. 이스라엘에 대한 하나님의 엄중한 심판, 그리고 그 결과 찾아온 바벨론 포로생활은 우리의 신앙에 큰 경각심을 준다. 하지만 하나님이 끝까지 자기 백성을 포기하지 않으셨음 역시 기억해야 한다. 하나님은 그들을 회복시키셨다. 그리고 그들의 최종적 회복을 위해 친아들을 보내셨다!

우리 인생이 '바벨론'에 사로잡혀 간 것 같을 때가 있다. 모든 게 다 끝장나 버린 것처럼 느껴질 때가 있다. '성전'이 훼파된 것 같고, 모든 것이 다 전소된 것처럼, 우리가 가장 소중히 여기는 것들이 다 무너져 내리고, 이제 다시는 심연에서 헤어나지 못한다는 부정적 확신이 들 때가 있다. 하지만 그렇다 해도 아직 다 끝난 게 아니다. 모든 것이 끝장났다고 되뇌이며 우리가 자포자기하는 그 순간에도 하나님은 우리를 포기하지 않으신다. 그의 역사를 계속하신다. 바벨론에서 그러셨듯 말이다.

"바벨론으로 사로잡혀 갈 때에 요시야는 여고냐와 그의 형제들을 낳으니라 바벨론으로 사로잡혀 간 후에 여고냐는 스알디엘을 낳고 스알디엘은 스룹바벨을 낳고"(마 1:11-12).

1. 유대인들은 포로로 잡혀간 지 70년 만에 바벨론으로부터 돌아왔다. 바벨론 포로에서 본국으로 귀환한 일은 새로운 출애굽으로 볼 수 있다. 그러나 막상 바벨론 포로생활을 마치고 고국으로 돌아온 유대인들이 정치적 독립을 획득했던 것은 마카베오 혁명에 의해 성립된 하스모니안 왕조의 통치 100여 년 정도뿐이었다. 그 시기 외에는 계속 외세의 압제와 간섭에 시달렸다. 예수님이 태어나시고 활동하시던 당시에는 그 어느 이전 왕조나 권력보다 더 강해 보이는 로마제국의 압제가 횡행하고 있었다. 그런 상황에서 메시아에 대한 기대가 고취되는 것은 어찌 보면 자연스러운 현상이었다. 그리고 메시아가 드디어 나셨다. 그런데 메시아 예수는 정치, 군사지도자로서 로마의 압제로부터 해방을 가져오는 메시아가 아니라 죄의 폭정과 그로 인한 포로됨으로부터의 해방을 가져오는 메시아였다.

묵│상│과│적│용│을│위│한│질│문

당신의 '바벨론 포로' 경험은 무엇이었습니까? 그 가운데 하나님께서 어떻게 계속 일하셨습니까? 혹시 지금 '바벨론 포로생활' 가운데 있는 것처럼 느낀다면, 그 가운데도 하나님이 여전히 일하심을 믿습니까? 그 가운데 하나님을 의지하고 계십니까?

나│만│의│묵│상│메│모

오늘 묵상을 통해 주시는 은혜와 감동을 자유롭게 기록해 보세요.

저자와 함께 하는 한 줄 기도

모든 게 끝장 나 버린 것 같은 순간에도 여전히 일하시는 주님으로 인해 소망을 갖게 하소서.

 기도와 결단

오늘 묵상한 말씀의 적용과 삶의 결단을 담아 자신의 기도를 적어 보세요.

승리주의도, 패배주의도 아닌 그리스도의 길

오늘의 본문

1:1 아브라함¹과 다윗의 자손 예수 그리스도의 계보라

1:16 야곱은 마리아의 남편 요셉을 낳았으니 마리아에게서 그리스도라 칭하는 예수가 나시니라

1:17 그런즉 모든 대 수가 아브라함부터 다윗까지 열네 대요 다윗부터 바벨론으로 사로잡혀 갈 때까지 열네 대요 바벨론으로 사로잡혀 간 후부터 그리스도까지 열네 대더라

저자 해설 및 묵상

마태가 제시하는 예수님 족보의 의미와 그 의의를 이해하는 주요 단서가 1:17에 제시된다. "그런즉 모든 대 수가 아브라함부터 다윗까지 열네 대요 다윗부터 바벨론으로 사로잡혀 갈 때까지 열네 대요 바벨론으로 사로잡혀 간 후부터 그리스도까지 열네 대더라"(마 1:17).

자음의 음가를 따져 수치로 환산하는 유대인의 게마트리아(gematria) 해석방법에 따르면, 다윗의 이름을 구성하는 히브리어 자음(D.V.D.) 음가의 총합은 14(=4+6+4)다. 마태는 예수님의 족보를 세 단위의 14세대(=14x3)로 구성하는데, 이는 저자 마태가 예수님의 계보에 나타난 여러 인물 중 특별히 다윗에게 주목하고 있음을 의미한다.

예수님의 계보가 다윗 가문의 족보라는 말은 그 계보가 바로 왕가의 족보임을 의미한다. 예수님의 족보 시작부에서부터 저자 마태는 예수님을 '다윗의 자손'이라 칭한다(마 1:1). 다윗 이래로 솔로몬을 비롯해서 주목할 만한 후대 왕들이 예수님의 계보에서 언급되지만 마태는 오직 다윗에게만 '왕'이라는 칭호를 사용한다(마 1:6).

물론 이러한 현상은 1세기 유대인들 사이에서 다윗이 갖고 있던 위상을 반영한다고 볼 수 있다. 하지만 더 나아가, 다윗이 '왕'으로 명시된 것은 '다윗의 자손'인 예수 그리스도가 왕적 메시아(royal messiah)[2]라는 사실을 명확하게 인식시킨다(삼하 7:13-14; 시 89; 사 9:6-7; 11:1-16; 롬 1:3 참조). 그리스도는 다윗의 왕위를 계승하는 왕이시며, 다윗의 왕위를 승화시키고, 초월하시는 왕이시다(마 22:41-46; 행 2:29-36; 롬 1:4 참조). 메시아이신 주 예수의 왕권은 종말의 때에 온 우주 만방 가운데 명백히 드러날 것이다(빌 2:10-11). 우리가 따르는 그리스도는 영광의 왕이시다!

그러나 한 가지 잊지 말아야 할 게 있다. 바로 예수 그리스도께서 고난의 메시아(사 53장)였다는 사실이다. 예수님은 부활-승천-하나님 우편 좌정에 앞서 먼저 십자가의 고난을 친히 감당하셨다(빌 2:8). 다윗의 자손 예수 그리스도는 십자가상에서 다윗의 고백을 자신에게 직접 적용하셨다. "나의 하나님, 나의 하나님, 어찌하여 나를 버리셨나이까"라고 외치시며(마 27:46; 시 22:1), 우리를 대신해서 치욕스러운 그 죽음을 감당하셨다(마 20:28; 이사야 53장).

메시아에 대한 기대는 1세기 유대교에 만연해 있었다. 이들은 하나님의 백성 이스라엘을 외세(로마)의 압제에서 해방시켜 줄 강력한 메시아를 대망했다. 그와 연결하여 하나님이 세상을 심판하실 마지막 때의 해방과 보상을 기다렸다. 포로 귀환 후에도 지속적 외침을 경험했던 당시 시대상은 이러한 기대를 고조시키기에 충분했다. 하지만 예수님은 대중의 기대와는 다른 성격, 다른 방식의 메시아였다. 예수님은 자신의 고난과 죽음을 통해 참된 해방, 즉 죄로부터의 해방(마 1:21)을 가져오셨다.

예수님은 고난의 메시아요 영광의 주이다. 하나님 나라가 이미 임했지만 아직 완성되지 않은 시기에 살아가는 성도들은 단면적 승리주의에 빠져선 안 된다. 예수님이 메시아요 왕이시란 사실이 제자들에게 고난을 면제해 주는 것이 아니다. 도리어 하나님의 나라가 온전히 도래할 때까지 제자들이 주님을 위해 손해를 감수하고 고난과 핍박을 감당할 수 있는 근거가 된다.

하지만 제자들이 패배주의에 사로잡히는 것도 곤란하다. 그리스도께서 고난의 메시아이심이 제자들로 하여금 패배주의에 사로잡혀 침울하게 사는 근거가 될 수 없다. 그리스도께서는 고난 받고, 십자가에서 죽으신 후에 부활, 승천하셔서 하나님 우편보좌에서 아버지와 함께 우주를 공동 통치하고 계시기 때문이고, 제자들에게 성령을 보내주셨기 때문이며, 또한 장차 하나님과 그리스도의 통치가 이땅 가운데 완성될 것이기 때문이다.

우리는 상황에 따라 쉽사리 승리주의와 패배주의 사이를 시계추처럼 왔다갔다 한다. 하지만 오늘 우리는 우리의 상황만 바라보지 말고, 오직 고난의 메시아요 영광의 주이신 예수님 그분을 바라보자. 길 되신 그분을 따라가자(요 14:6). 왕이신 예수 그리스도를 섬기는 자신감과 자부심을 잃지 말자. 동시에 십자가지고 앞서 가신 그분을 따르는 겸손과 희생의 마음을 잃지 말자(빌 2:5, 6 -8). 예수님이 이 땅에 가지고 오신 하나님 나라는 먼저 된 자가 나중 되고, 나중 된 자가 먼저 되는 나라임을 기억하자. 십자가의 희생은 결코 패배가 아니다. 참된 승리다.

---

1. 예수님의 족보 가운데 등장하는 "아브라함"에 대한 언급(마 1:1, 2)은 하나님이 아브라함에 주신 "땅의 모든 족속이 너로 말미암아 복을 얻을 것이라"는 약속(창 12:3)이 궁극적으로 예수 그리스도를 통해 성취되게 됨을 암시한다. 갈라디아서 3:16을 함께 참조하라.
2. 혹은 메시아적 왕(messianic king)이라고도 말할 수 있다.

묵상과 적용을 위한 질문

그리스도를 섬기는 자긍심과 십자가 지고 그분을 따르는 겸손, 희생의 정신이 당신의 삶 가운데 어떻게 통합이 되어있나요? '십자가의 희생은 패배가 아니라 진정한 승리이다'라는 말은 무슨 뜻인가요?

 나만의 묵상 메모

오늘 묵상을 통해 주시는 은혜와 감동을 자유롭게 기록해 보세요.

저자와 함께하는 한 줄 기도

십자가의 희생이 패배가 아닌 승리임을 믿고 그리스도를 따라가는 제자 되게 해 주옵소서.

 기도와 결단

오늘 묵상한 말씀의 적용과 삶의 결단을 담아 자신의 기도를 적어 보세요.

 # 더 깊은 묵상과 기도(I)

오늘의 본문

1:1 아브라함과 다윗의 자손 예수 그리스도의 계보라
1:2 아브라함이 이삭을 낳고 이삭은 야곱을 낳고 야곱은 유다와 그의 형제들을 낳고
1:3 유다는 다말에게서 베레스와 세라를 낳고 베레스는 헤스론을 낳고 헤스론은 람을 낳고
1:4 람은 아미나답을 낳고 아미나답은 나손을 낳고 나손은 살몬을 낳고
1:5 살몬은 라합에게서 보아스를 낳고 보아스는 룻에게서 오벳을 낳고 오벳은 이새를 낳고
1:6 이새는 다윗 왕을 낳으니라 다윗은 우리야의 아내에게서 솔로몬을 낳고
1:7 솔로몬은 르호보암을 낳고 르호보암은 아비야를 낳고 아비야는 아사를 낳고
1:8 아사는 여호사밧을 낳고 여호사밧은 요람을 낳고 요람은 웃시야를 낳고
1:9 웃시야는 요담을 낳고 요담은 아하스를 낳고 아하스는 히스기야를 낳고
1:10 히스기야는 므낫세를 낳고 므낫세는 아몬을 낳고 아몬은 요시야를 낳고
1:11 바벨론으로 사로잡혀 갈 때에 요시야는 여고냐와 그의 형제들을 낳으니라
1:12 바벨론으로 사로잡혀 간 후에 여고냐는 스알디엘을 낳고 스알디엘은 스룹바벨을 낳고

1:13 스룹바벨은 아비훗을 낳고 아비훗은 엘리아김을 낳고 엘리아김은 아소르를 낳고
1:14 아소르는 사독을 낳고 사독은 아킴을 낳고 아킴은 엘리웃을 낳고
1:15 엘리웃은 엘르아살을 낳고 엘르아살은 맛단을 낳고 맛단은 야곱을 낳고
1:16 야곱은 마리아의 남편 요셉을 낳았으니 마리아에게서 그리스도라 칭하는 예수가 나시니라
1:17 그런즉 모든 대 수가 아브라함부터 다윗까지 열네 대요 다윗부터 바벨론으로 사로잡혀 갈 때까지 열네 대요 바벨론으로 사로잡혀 간 후부터 그리스도까지 열네 대더라

오늘은 지난 6일(Day 1 – Day 6)간 묵상했던 본문을 독자께서 직접 더 깊이 묵상하고, 더 깊은 기도의 자리로 나아가는 날입니다. 먼저 마태복음 1:1-17 본문을 3회 이상 천천히 기도하는 마음으로 읽으시고 그 가운데 주님의 인도하심을 따라 더 깊이 있는 말씀묵상과 기도의 자리로 나아가시기 바랍니다. 다음의 질문들이 묵상과 기도에 도움이 되실 것입니다.

- 오늘 말씀 묵상을 통해 지난 6일간 묵상했던 내용들 중 특별히 더 주목하게 되는 부분은 무엇입니까? 지난 6일간 깨닫지 못했던 것을 새롭게 깨닫게 된 부분은 무엇입니까?

- 지난 6일간 깨달은 내용 중 실천한 것은 무엇입니까? 그렇게 실천하는 과정에서 무엇을 새롭게 경험했습니까?

- 실천하는 과정에서 어려웠던 것은 또 무엇입니까? 지난 6일간 깨달은 내용 중 제대로 실천하지 못했거나 잊어버렸던 것은 무엇입니까?

- 지난 6일간 깨달은 것과 실천할 수 있었던 것에 대해 주님께 감사의 기도와 찬양을 드리시기 바랍니다. 아직 실천하지 않고 있거나 실천함에 있어 어려움이 있는 것들에 대해 주님께서 힘을 주셔서 실천할 수 있게 해 달라고 간구하세요.

- 그 외의 묵상 내용과 기도를 자유롭게 적어보세요.

더 깊은 묵상

더 깊은 기도

더 생각해 보기(마 1:1-17)

　유다는 며느리 다말을 이방신 제의에서 활동하는 창녀로 알고 그와 관계를 갖는 부도덕한 행동을 보였다. 더욱이 예수님의 족보에서 가장 두드러지는 조상인 다윗은 우리야의 아내 밧세바와 간음을 범하고, 거듭 이에 대한 은폐를 시도하다 뜻대로 되지 않아 마침내 충성된 부하 우리야를 죽였다. 이방인인 우리야는 하나님의 백성처럼 행동했는데, 오히려 다윗이 이방인처럼 행동했다!

　이렇게 부족한 이들이 메시아의 계보에 포함되고 하나님의 구원 역사의 도구로 쓰임받은 것은 하나님의 크신 은혜를 보여준다. 마태는 그의 복음서를 시작하면서 예수님의 족보를 제시하는데, 그 족보 안에서 하나님의 오래참으심, 언약에 신실하심, 긍휼과 사랑을 인간의 죄악됨과 간접적으로 비교, 대조함을 통해 주님이 얼마나 은혜로운 분인지를 은은하지만 강력하게 부각시킨다.

　이제 우리에게로 눈을 돌려보자. 우리가 그리스도와 한 가족 된 것(막 3:35) 우리 스스로 잘 나서나 혹은 자격이 되서가 아니다. 이는 주님의 은혜 때문이다. 주님의 은혜는 골고다 언덕의 십자가에서 선명하게, 완전하게 그리고 최종적으로 계시되었다. 아울러 주님의 은혜는 우리 삶 곳곳에 때로는 진하게, 그리고 때로는 은은하게 스며들어 있다. 때로는 눈에 띄게 드러나고, 때로는 신비롭게 숨어있다.

　그렇다! 나의 나된 것이 주님의 은혜다(고전 15:10). 모든 것이 은혜다!

# 의로움의 또 다른 표현, 긍휼

오늘의 본문

1:18 예수 그리스도의 나심은 이러하니라 그의 어머니 마리아가 요셉과 약혼하고 동거하기 전에[1] 성령으로 잉태된 것[2]이 나타났더니[3]

1:19 그의 남편 요셉은 의로운 사람이라 그를 드러내지 아니하고 가만히 끊고자 하여

저자 해설 및 묵상

"의에 주리고 목마른 자는 복이 있다"는 예수님의 말씀(마 5:6)을 우리는 잘 기억한다. 그런데 우리가 생각하는 '의' 혹은 '의로움'은 보통 악에 맞서 싸우고, 옳은 일에 헌신하는 올곧은 모습을 연상시킨다. 그리고 용기있게 잘못된 행위를 고발하고, 드러내는 모습을 함께 연상시킨다. 그것이 의 혹은 의로움의 매우 중요한 표현임은 자명하다.

그러나 의로움은 또 다른 표현을 갖고 있는데, 그것이 오늘 본문에서 요셉을 통해서 잘 보여진다. 요셉은 '의로운 사람'이었다(마 1:19). 생명을 중시하고, 사랑하라는 율법의 본 정신을 이해하고, 행했다는 의미에서 요셉은 의로운 자다. 그는 마리아에게 공개적 망신과 치명적 수치

를 주지 않고자(사실 마리아는 돌에 맞아 죽임을 당할 수 있었다[신 22:23-27참조]) 조용히 파혼하고자 했다. 요셉은 아마도 두 명의 증인 앞에서 마리아에게 '이혼증서'를 주는 것으로 조용히 절차를 마무리하고자 했던 것으로 보인다.

이 말씀을 통해 우리는 요셉이 상대방을 배려하는 따뜻한 의로움과 긍휼의 마음을 담은 의로움을 소유한 자라는 사실을 알 수 있다. 요셉은 마리아가 자신과의 정혼 관계를 위반하고 부정한 성적 관계를 맺은 것, 즉 간음을 범한 것으로 생각했다. 그래서 마리아와 이혼을 하고자 했다. 그런데 그런 와중에도 마리아를 향한 긍휼의 맘을 잊지 않았다. 요셉은 하나님께서 그리스도의 탄생을 위해 성령을 통하여 전례 없는, 아주 특별한 방식으로 일하셨음을 아직 깨닫지 못했다(20절 이하와 비교). 그럼에도 마태는 마태복음 1:19에서 이와 같은 요셉의 행동을 무지함이 아닌, 의로움과 연관 짓는다!

의로움은 종종 불의에 대한 투쟁의 양상으로 나타나지만, 도저히 그렇게하기 어려운 상황에서도 여전히 남을 배려하는 모습을 통해 표현되기도 한다. 요셉의 경우가 그랬다.

의로움과 긍휼은 서로로부터 분리되지 않는다. 주님께서 주신 팔복에 대한 가르침은 이를 더욱 분명히 우리에게 가르쳐준다. 팔복의 말씀은 '의에 주리고 목마른' 것과

'긍휼히 여기는' 것을 서로 병치시킨다. "의에 주리고 목마른 자는 복이 있나니 그들이 배부를 것임이요 긍휼히 여기는 자는 복이 있나니 그들이 긍휼히 여김을 받을 것임이요"(마 5:6-7).

이번 성탄을 맞으면서 의에 주리고 목마른 주의 제자들이 많아지길 바란다. 우리 가운데 그런 목마름이 더욱 절실하고 강렬해지기를 소원한다(마 5:6). 손해를 무릅쓰고 불의에 맞서는 용기가 회복되기를 기도한다. 동시에 우리 가운데 '극단적인 긍휼과 배려'를 실천하는 이들이 많아지길 기도한다(마 5:7). 긍휼을 베풀기 어렵고 더 이상 배려해 주기 어려운 상황에서도 그것을 행하는 일들이 우리 가운데 풍성해지기를 바란다. 요셉이 그랬듯 말이다. 아무 자격 없는 우리를 위해 십자가를 대신 져 주신 예수님이 그러하셨듯 말이다.

---

1. 당시 유대교에서 남자는 18세 그리고 여자는 10대 중반 이전 나이에 결혼식을 올리곤 했다. 그에 앞서 정혼(법적 구속력을 지닌 약혼)하였으나, 결혼예식을 올리기 전까지는 함께 살지 않았고 성적관계를 맺지 않도록 요구됐다.
2. 기적을 믿지 않는 이들은 마리아의 수태가 성령에 의한 것임을 명시하는 이 대목에서 바로 막힐 것이다. 사실 성경은 그 첫 장인 창세기 1장부터 기적을 언급하고 있다. 이스라엘의 태동을 알리는 출애굽 사건 역시 기적으로 둘러싸여 있다. 그리고 사도들의 인생 그리고 인류역사에 전환점을 가져온 그리스도의 부활 역시 명백한 기적이다. 그리스도의 재림 역시 자연주의적세계관으로는 이해할 수 없는 일이다. 성경을 읽는 자는 근본적으로 자신의 이성과 경험을 성경 위에 올려놓을 것인지 아니면 그것들을 성경 아래 겸손히 위치시킬 것인지를 결정해야만 한다.
3. 눅1:26-38을 함께 참고하라.

"의에 주리고 목마른 자는 복이 있나니
그들이 배부를 것임이요 긍휼히
여기는 자는 복이 있나니
그들이 긍휼히 여김을 받을 것임이요"
(마 5:6-7).

묵 상 과 적 용 을 위 한 질 문

긍휼과 배려는 그리스도인의 성품을 드러내는 중요한 덕목입니다. 하지만 당신은 이런 덕목의 혜택을 누리기만 하는 사람인가요? 아니면 다른 사람을 향해 이를 몸소 실천하는 사람인가요? 당신의 의로움과 긍휼은 서로 통합되어 있습니까 아니면 서로로부터 분리되어 있습니까?

 나 만 의 묵 상 메 모

오늘 묵상을 통해 주시는 은혜와 감동을 자유롭게 기록해 보세요.

저자와 함께 하는 한 줄 기도

제 삶 가운데 의에 대한 목마름과 긍휼이 서로 통합되고 하나되게 하소서.

 기도와 결단

오늘 묵상한 말씀의 적용과 삶의 결단을 담아 자신의 기도를 적어 보세요.

구원, 죄로부터의 구원

오늘의 본문

1:20 이 일을 생각할 때에 주의 사자가 현몽하여 이르되 다윗의 자손 요셉아 네 아내 마리아 데려오기를 무서워하지 말라 그에게 잉태된 자는 성령으로 된 것이라

1:21 아들을 낳으리니 이름을 예수라 하라 이는 그가 자기 백성을 그들의 죄에서 구원할 자이심이라 하니라[1]

저자 해설 및 묵상

'구원'이라는 말을 교회에서 참 자주 사용한다. 교인들이 이 단어를 너무나 자주 사용하기에 그 단어가 거의 특별한 의미 없는, 진부한 종교적 어구가 되어버렸는지도 모른다. 그러나 제대로 이해되고 사용된다면 그리스도를 믿고 따르는 이들에게 이만큼 의미심장하고, 복된 표현도 없을 것이다.

'구원'이란 쉽게 말하면 문제 해결을 의미한다. 병에서 나으면 그것이 구원이다. 적에게 둘려 싸여 생명이 위태로운 병사가 아군의 도움을 받아 적진에서 구출되면 그 역시 구원이다. 경제적 파산 위기에 몰린 한 가정이 익명의 자선가의 도움으로 빚의 압박을 벗게 되는 것 역시 구원이다. '구원'이란 이처럼 다양한 형태와 양상을 포괄한다. 하지만 구원의 다양한 형태와 양상에도 불구하고, 가장 중요하고 본질적인 '구원'은 바로 죄(로 인한 죽음으)로부터의 구원이다. 인류의 모든(죽음의) 문제가 하나님께 불순종하는 죄로부터 시작되었듯(창 3장), 그 문제의 해결 역시 죄문제의 해결로부터 비롯되기 때문이다.

마태는 주의 천사가 요셉에서 전해준 계시를 다음과 같이 기록한다. "아들을 낳으리니 이름을 예수라 하라 이는 그가 자기 백성을 그들의 죄에서 구원할 자이심이라 하니라"(마 1:21). 예수 그리스도가 가져온 구원은 모든 문제의 핵심이며, 뿌리인 죄로부터의 구원을 의미한다.

잠시 예수님의 계보(마 1:1-17)로 돌아가 보자. 예수님의 조상들 역시 죄로부터 자유롭지 못했다. 1세기 유대교에서 다윗은 대표적인 영웅이고, 메시아의 선조로 인정 받았지만, 구약 사무엘하 11-12장 그리고 신약의 처음 단락인 마태복음의 예수님 족보(마 1:1-17)는 다윗의 죄악에 대해 결코 침묵하거나 은폐하지 않는다. 성경은 다윗이 자신의 충신인 우리야의 아내 밧세바를 범하고, 나아가 자신의 죄악을 은폐하기 위해 우리야를 살해할 악랄한 계획을 세워 실제로 우리야를 살해했음을 적나라하게 드러낸다.

예수님의 계보에서 가장 부각되는 선조 다윗 역시 메시아가 아니라 메시아(마 1:1, 16, 17)가 가져다 줄 죄로부터의 해방이 절실히 필요한 한 사람이었다. 창녀로 가장한

다말과 관계를 맺어 쌍둥이를 얻은 유다의 부도덕함 역시 유다 자신이 메시아가 절실히 필요한 한 영혼임을 드러내 준다. 예수님의 계보(마 1:1-17)에 나타난 조상들의 죄에 대한 마태의 '폭로'는 죄의 심각성에 대한 그의 선명한 인식을 잘 드러내 준다. 그리고 그 같은 선명한 인식은 예수님이 자기 백성을 죄에서 구원할 메시아라는 살아있는 고백과 떼려야 뗄 수 없는 관계로 맞닿아 있다(마 1:21 [16:16 참조]). 마태가 제시하는 예수님의 족보는 하나님의 오래 참으심과 그리스도를 통한 은혜의 구원을 선조들의 죄악상과 극적으로 대비시켜 강조한다.

이번 성탄을 기다리면서, 우리를 개인적으로, 공동체적으로, 사회적으로 괴롭게 만들고, 힘들게 하고, 짓누르는 여러 문제들을 경험할 수 있다. 그러나 우리는 그 핵심과 뿌리가 결국 죄의 문제임을 기억해야 한다. 우리의 문제 중 가장 큰 문제는 죄의 문제다. 우리가 경험하는 압제 중 가장 본질적이고도 치명적인 압제는 다름 아닌 죄의 압제다. 아울러 우리는 근본 문제인 죄의 문제에 대한 해결이 오직 십자가에서 우리를 위해서 대신 죽으신 하나님의 아들에게서만 발견됨을 선명하게 기억해야 한다. 우리를 죄와 그 압제로부터 해방시키는 일(눅 19:8 참조)은 예수 그리스도로만 가능하다.

주변을 돌아보면 죄에 대한 선명한 인식과 각성 대신, 개인의 감정과 체험만 남은 것 같다는 생각이 종종 든다. 감정과 체험이 중요치 않다는 말은 결코 아니다. 그러나 그것들이 죄에 대한 각성과 참된 회개를 대체해 주지 않으며 결코 대체할 수도 없다. 죄가 우리의 근본 문제임이 선명해져서 구원자(마 1:21)이신 예수 그리스도가 더 선명히 보이고, 그의 대속의 십자가에 더 또렷이 집중하게 되는 이번 성탄이 되길 바라고 기도한다(고후 2:2; 갈 6:14 참조).

---

1. '예수'(혹은 '여호수아')라는 이름은 '여호와는 나의 구원'이라는 의미를 지닌다.

묵|상|과|적|용|을|위|한|질|문

다양한 의미의 '구원' 중 당신이 가장 기대하는 것은 무엇으로부터의 구원인가요? '근본문제는 죄의 문제이고 근본문제의 해결은 죄로부터의 구원'임을 인식하는 것이 왜 중요한가요?

나|만|의|묵|상|메|모

오늘 묵상을 통해 주시는 은혜와 감동을 자유롭게 기록해 보세요.

저자와 함께하는 한 줄 기도

죄에 대한 참된 각성이 있게 하시고 십자가를 통해 죄에서 자유함 입은 감격이 회복하게 하소서.

기도와 결단

오늘 묵상한 말씀의 적용과 삶의 결단을 담아 자신의 기도를 적어 보세요.

# 참 하나님이시요,
참 사람이신 그리스도

오늘의 본문

1:20 이 일을 생각할 때에 주의 사자가 현몽하여 이르되 다윗의 자손 요셉아 네 아내 마리아 데려오기를 무서워하지 말라 그에게 잉태된 자는 성령으로 된 것이라

1:21 아들을 낳으리니 이름을 예수라 하라 이는 그가 자기 백성을 그들의 죄에서 구원할 자이심이라 하니라

1:22 이 모든 일이 된 것은 주께서 선지자로 하신 말씀을 이루려 하심이니 이르시되

1:23 보라 처녀가 잉태하여 아들을 낳을 것이요 그의 이름은 임마누엘이라 하리라 하셨으니 이를 번역한즉 하나님이 우리와 함께 계시다 함이라

저자 해설 및 묵상

　예수 그리스도께서 '참 하나님이시요 참 사람'이라는 고백은 칼케돈공의회(AD 451)에서 공표되었다. 이 선언의 근거는 바로 신약성경 자체에 있는데, 오늘 본문은 이를 생생히 보여준다.

　그리스도께서 아기로 나셨다는 사실 자체가 그의 인성을 확증해 준다. 나아가 마태복음의 첫 구절인 예수님의 족보(마 1:1-17)가 그의 인성을 입증한다. 예수님이 팔레스타인 땅을 직접 밟으며 사역하셨다는 사실(마 4-28장) 자체가 그의 인성을 증명한다. 그러나 그리스도께서는 그

저 이상적인 인간 혹은 인간의 원형(Prototype)에 그치지 않는다. 그는 참 사람이신 동시에 참 하나님이시다.

'예수'(혹은 여호수아)란 이름은 '하나님은 구원이시다' 라는 뜻을 지닌다. 예수의 뜻은 하나님이 구원의 주체임을 잘 보여준다. 그런데 주의 사자(천사)가 마리아에게 잉태된 아기를 구원의 주체로 명시하고 있음에 우리는 함께 주목해야 한다. "주의 사자가 현몽하여 이르되 다윗의 자손 요셉아 네 아내 마리아 데려오기를 무서워하지 말라 그에게 잉태된 자는 성령으로 된 것이라 아들을 낳으리니 이름을 예수라 하라 이는 그가 자기 백성을 그들의 죄에서 구원할 자이심이라 하니라"(마 1:20-21). 천사의 선언은 그리스도를 구원의 주체로 명시하는데, 이 선언은 시편 130:8을 암시하는 듯하다. "그(여호와)가 이스라엘을 그의 모든 죄악에서 속량하시리로다"(시 130:8).

마태는 하나님이 계획하신 자기 백성을 모든 죄악에서 속량하는 일을 바로 예수 그리스도가 이루셨다고 선포하고 있다. 이는 놀라운 기독론적 선언이며, 예수 그리스도의 신성에 대한 강력한 암시다. 마리아가 잉태한 이 아기가 신적 존재라는 사실을 인간의 제한된 머리로 다 헤아리기는 쉽지 않지만, 이는 성육신의 진리를 웅장하게 전해 준다.

그와 더불어, 마태복음 1:23 "보라 처녀가 잉태하여 아들을 낳을 것이요 그의 이름은 임마누엘이라 하리라 하셨으니 이를 번역한즉 하나님이 우리와 함께 계시다 함이라" 역시 그리스도가 신적 존재임을 드러낸다. 저자 마태가 풀어 설명한 대로, 그리스도의 나심은 '하나님이 우리와 함께 하심'을 의미한다. 이는 그리스도의 나심이 하나님이 그의 백성과 함께 하심을 알려주는 표지라는 점을 넘어 그리스도 자신이 하나님과 하나(one with God)이심을 말해준다.[1] 마태는 이처럼 그의 복음서 서두에서 하나님과 하나이신 그리스도께서 그의 백성과 함께 하심을 언급(마 1:23)할 뿐 아니라 그의 책 맨 마지막 부분에서 그 점을 다시 한 번 강조한다. "내가 세상 끝날까지 너희와 항상 함께 있으리라 하시니라"(마 28:20). 마태는 이 같은 수미상관구조(inclusio)를 통해 '주께서 그의 백성과 함께 하심'에 대한 강조(마 1:23; 28:20)로 그의 예수이야기 전체를 포섭한다.

마태의 탄생기사(그리고 그가 기록한 복음서 전체)는 그리스도께서 참 하나님이시며, 참 사람이심을 잘 나타내준다. 이러한 고백은 복음의 진리와 맞닿아 있다. 하나님의 영원하신 아드님은 하늘 영광을 버리시고, 인간이 되셨을 뿐 아니라 저주스런 십자가에서 우리 죄를 대신 지고 죽으셨다. 이 사실이 지금 우리의 심장을 흔들어 놓지 않는다면 우리는 분명 영적으로 깊은 잠에 빠져 있는 것이다. 참 하나님이시며, 참 사람이신 그리스도로 인해 우리의 심장이 다시 두근거리길 기도한다. 그리고 복음의 진리로 인한 감격의 회복이 이번 성탄에 있기를 소원한다.

---

1. 이 외에도 마태복음에는 그리스도의 신성(혹은 그의 신적 정체성)을 암시하는 구절이 여럿 있다. 두 가지만 예를 들겠다. 첫째, 마태복음 28:19("그러므로 너희는 가서 모든 민족을 제자로 삼아 아버지와 아들과 성령의 이름으로 침[세]례를 베풀고")은 '아들'을 '아버지'와 그의 영인 '성령' 사이에 배치하는 한편, 단수명사 '이름'을 아버지, 아들, 성령에게 동시에 적용하는데, 이는 그리스도가 신적 존재임을 강력히 암시한다. 둘째, 예수님이 거듭 사용한 "내가 진실로 (혹은 진실로 진실로) 네게 이르노니"라는 표현 역시 그의 신성을 암시한다. 이 표현은 사복음서 전반에 걸쳐 등장하는데, 마태복음에서는 5:26; 16:18; 18:22; 26:34에서 사용된다. 구약에서는 선지자들이 "여호와께서 말씀하시되"(Thus says the Lord) 혹은 그와 유사한 표현을 사용하면서 하나님의 말씀을 대언했다. 그런데 그 표현이 신약에는 등장하지 않는다. 대신 예수님은 "내가 진실로 이르노니" 혹은 "내가 진실로 진실로 이르노니"라는 표현을 거듭해서 사용하신다. 이 표현은 예수님이 자신에게 내재된 신적 권위를 갖고 말씀하심을 암시한다. 히브리서 1:1-4, 특히 1-2절을 함께 참조하라.

묵상과 적용을 위한 질문

성육신의 신비와 복음의 진리로 인해 오늘 당신 안에 진정 감격과 감사함이 있나요? 혹시 아니라면 왜 그런 감격과 감사함이 희미해진/사라진 것일까요?

나만의 묵상 메모

오늘 묵상을 통해 주시는 은혜와 감동을 자유롭게 기록해 보세요.

저자와 함께 하는 한 줄 기도

성육신의 신비와 복음의 진리로 인해 오늘도 진정한 감사와 감격 가운데 살게 하소서.

기도와 결단

오늘 묵상한 말씀의 적용과 삶의 결단을 담아 자신의 기도를 적어 보세요.

# 구약을 성취하시고, 완성하시는 예수 그리스도

오늘의 본문

1:20 이 일을 생각할 때에 주의 사자가 현몽하여 이르되 다윗의 자손 요셉아 네 아내 마리아 데려오기를 무서워하지 말라 그에게 잉태된 자는 성령으로 된 것이라

1:21 아들을 낳으리니 이름을 예수라 하라 이는 그가 자기 백성을 그들의 죄에서 구원할 자이심이라 하니라

1:22 이 모든 일이 된 것은 주께서 선지자[1]로 하신 말씀을 이루려 하심이니 이르시되

1:23 보라 처녀가 잉태하여 아들을 낳을 것이요 그의 이름은 임마누엘이라 하리라[사7:14] 하셨으니 이를 번역한즉 하나님이 우리와 함께 계시다 함이라

저자 해설 및 묵상

사복음서의 저자 모두 구약을 자주 인용하고 암시하지만, 특히 마태는 예수 그리스도와 그를 통해 일어난 일들이 구약의 성취임을 강조하는 '성취공식'(fulfillment formula)을 사용하는 것으로 유명하다. 예수님의 탄생 기사에서도 이러한 성취공식이 거듭 등장하는데, 오늘 본문 마태복음 1:20-23이 그 좋은 예를 보여준다. 다시 한 번 본문을 보도록 주의 깊게 살펴보자(성취공식은 22절 볼드체로 표시한 부분에 나타난다).

1:20 이 일을 생각할 때에 주의 사자가 현몽하여 이르되 다윗의 자손 요셉아 네 아내 마리아 데려오기를 무서워하지 말라 그에게 잉태된 자는 성령으로 된 것이라

1:21 아들을 낳으리니 이름을 예수라 하라 이는 그가 자기 백성을 그들의 죄에서 구원할 자이심이라 하니라

1:22 이 모든 일이 된 것은 주께서 선지자로 하신 말씀을 이루려 하심이니 이르시되

1:23 보라 처녀가 잉태하여 아들을 낳을 것이요 그의 이름은 임마누엘이라 하리라 하셨으니 이를 번역한즉 하나님이 우리와 함께 계시다 함이라(마 1:20-23)

이사야 7:14에서 예언된 일이 메시아의 탄생에 대한 직접적 예언(predictive prophecy)이라고 보는 해석도 있고,[2] 또 일차적으로 이사야 당대에 부분적 성취를 맛보았지만(사 8:1이하 참조) 그 궁극적인 성취는 예수 그리스도를 통해 이뤄진다는 이중성취론적 이해나 모형론적 이해를 갖는 사람도 있다.[3] 하지만 어느 쪽이든 이사야 7:14이 말한 바는 궁극적으로 예수 그리스도를 통해 이뤄진다. 그것이 저자 마태가 성취공식(마 1:22)을 통해 강조하는 바다.

마태는 예수 그리스도께서 구약의 '성취'임을 자주 언급하고, 강조한다(마 1:22; 2:5, 15, 17, 23; 3:15; 4:14; 5:17; 8:17; 12:17; 13:14, 35, 57; 21:4; 26:56; 27:9). 특히 저자 마태는 거듭된 성취공식의 사용(마 1:22-23; 2:5; 2:15; 2:17-18; 2:23 등)을 통해 예수 그리스도가 구약의 최종적인 해석자시며 구약의 의미와 의도를 성취, 실현, 완성하시는 분이심을 보여준다(마 5:17 참조).

예수님께서 구약을 성취하시고, 완성하시는 분이란 신학적 진리는 우리의 성경 이해에 있어 그리스도께서 중심이 되셔야 한다는 의미를 내포한다. 동시에 이는 그리스도께서 우리 삶의 중심이요, 최종적 권위가 되어야 한다는 실천적 진리를 내포한다. 우리는 정말 성경을 우리 삶의 최종 권위로 인정하는가? 예수님이 정말 구약성경의 의미를 성취하고, 완성하시는 분임을 믿는가? 그렇다면 이는 그리스도께서 우리 삶의 중심임을 의미하며, 그가 우리 삶의 최종적 권위가 되심을 뜻한다.[4]

크리스천을 자처하는 사람들 가운데서 '그리스도는 구약을 성취하는 분이다'라는 명제적 선언은 매우 흔하다. 그러나 그 선언이 갖고 있는 실천적 함의를 충성되게 살아내는 경우는 상대적으로 드물다. 개인과 공동체의 실존적 삶 가운데서 그리스도를 중심과, 최종적 권위로 인정하는 것은 흔하지 않은 풍경이다. 누가 뭐라 하든 또는 자신이 무엇을 원하든 예수님이 가라시면 가고, 예수님이 멈추라시면 멈추는 일은 어느 시대나 보편적이지 않다.

성탄을 준비하는 이 기간에 필자와 독자 모두가 구약을 성취하시고 완성하신 예수 그리스도를 신뢰하고, 그분께 삶의 보좌를 내드리기를 바라고, 기도한다. 그 가운데 주님께서 이끄시는 대로 나아가는 우리 삶이 되기를 간절히 기도한다.

---

1. 마태복음 2:6에서 인용된 선지자 미가의 예언(미 5:2)이 이 경우에 해당한다.
2. 마태복음 2:15에 인용된 호세아 11:1이 이 경우에 해당한다.
3. 한편, 마태가 거듭 사용한 '성취공식'(fulfillment formulae)은 구약에서 예언한 바가 그대로 이뤄졌음을 강조한다는 점에서 하나님이 역사의 주관자이심을 잘 보여준다. 또한 그리스도의 초림에 대한 구약의 예언과 기대가 1세기에 성취되었다는 사실은 그의 다시 오심에 대한 말씀(예: 마 24-25장) 역시 앞으로 성취될 것임을 담보, 확증해 준다. 우리는 그의 다시 오심에 비추어, 그러니까 그 확실한 미래의 사건에 비추어 오늘 하루를 주 앞에서 충성되게 살아야 한다.

묵상과 적용을 위한 질문

그리스도께서 구약을 성취하시는 분이심을 믿습니까? 그리스도께서 당신의 성경해석의 중심이십니까? 그리스도께서 당신의 삶의 중심이요, 최종적인 권위이십니까? 오늘 그리스도께 삶의 보좌를 내어드리고 그분께서 이끄시는 대로 나아가고 있습니까?

나만의 묵상메모

오늘 묵상을 통해 주시는 은혜와 감동을 자유롭게 기록해 보세요.

저자와 함께하는 한 줄 기도

예수그리스도께서 내 삶의 중심 되게 하시고, 오늘 내 삶이 주님의 권위에 진정 순복케 하소서.

기도와 결단

오늘 묵상한 말씀의 적용과 삶의 결단을 담아 자신의 기도를 적어 보세요.

12 Day

'하나님이 좀 가깝게 느껴졌으면……'

오늘의 본문

1:23 보라 처녀가 잉태하여 아들을 낳을 것이요 그의 이름은 임마누엘이라 하리라 하셨으니 이를 번역한즉 하나님이 우리와 함께 계시다 함이라

저자 해설 및 묵상

'하나님의 존재가 가까이 느껴졌으면……' 하고 바라는 분들이 주변에 많다. 구도자나 믿음이 연약한 분들 중 그런 바람을 직접 표출하는 경우가 있지만, 성숙한 신자들 역시 어떤 특정 상황에서 그런 바람을 강하게 표출하곤 한다.

마태는 예수님의 탄생에 대해 말하면서 선지자 이사야를 인용하는데, 이를 통해 그리스도의 나심이 '하나님이 우리와 함께하심'을 의미한다고 말한다. "보라 처녀가 잉태하여 아들을 낳을 것이요 그의 이름은 임마누엘이라 하리라 하셨으니 이를 번역한즉 하나님이 우리와 함께 계시다 함이라"(마 1:23; 사 7:14). 저자 마태에 따르면, 그리스도의 탄생은 하나님이 그의 백성 가운데 함께 하심을 보여주는 확실한 증거다. 나아가 예수 그리스도는 우리와

함께 하시는 하나님 자신이시다(사 9:6-7 참조[1]).

그리스도의 나심은 역사의 한복판에서 벌어진 일이다! 우리는 '하나님의 함께 하심'이란 단어를 종종 지나치게 감정과 느낌에 기반해서 이해하는 성향이 있다. 그것이 아예 틀렸다는 것은 아니지만, 우리의 감정 기복이 의외로 심하다는데 문제가 있다. 우리의 감정이 상향곡선을 그릴 때는 하나님이 함께 하신다고 가정하고, 하향곡선을 그릴 때는 그렇지 않다고 한다면, 결국 우리는 하나님을 믿는 것이 아니라 우리 자신의 감정을 믿는 것인지도 모른다. 우리가 하나님이 함께 하심을 잘 누리지 못하고, 또 하나님이 멀리 계신다고 생각하는 중요한 이유는 종종 엉뚱한 곳에서 하나님의 함께 하심에 대한 증거를 찾기 때문이다. 그러므로 우리는 하나님의 함께 하심에 대한 바른 답을 찾아야 한다. 무엇을 통해 하나님의 함께하심을 확증할 수 있는가? 바로 예수 그리스도를 통해 가능하다. 오늘의 본문이 바로 그 증거이다. 우리와 함께하시는 하나님으로 예수 그리스도가 이 땅에 출생하셨다.

그리스도의 출생이야말로 하나님이 우리와 함께 하심을 보여주는 확실한 증거다. 이는 역사의 한복판에서 이미 일어난 일이다. 우리의 감정이나 기분, 상황에 따라 변할 수 있는 일이 아니기에 증거 중에서도 가장 확실한 증거다.[2]

다시 말하지만, 그리스도의 탄생은 하나님이 우리와 함께 하심을 명백히 보여주는 사건이다. 성도들마저 세상적 관점과 자기 중심적인 생각에 쉽게 함몰되는 이 시대의 문화 가운데, 이런 복된 이해가 우리 가운데 더 선명해지기를 바란다. 이번 성탄을 맞으면서 그리스도의 나심을 통해 하나님이 우리 가운데 함께 하심을 확신하는 필자와 독자들이 되길 바란다. 십자가에서 죽으시고, 부활하셨으며 지금도 살아 계시는 그리스도께서 우리와 지금 함께하신다(마 28:18-20³). 그러므로 함께하시는 주님을 바라보고 나에게 직면한 내적인 압력과 처한 어려움을 두려워하지 말자! 삶 가운데 어려움이 있겠지만 그럼에도 불구하고 묵묵히 하나님 나라를 먼저 구하며 그리스도께 순종하는 삶을 살자! 그럼을 통해 그리스도를 의지하는 제자 공동체를 이뤄가는 우리가 되길 소원한다. 그리스도를 의지하며 순종하는 가운데 주님께서 우리와 친밀히 동행해 주심을 깊이 느끼길 원한다. 또한 그 분은 멀리 계시는 분이 아니라 우리 가까이에 계신 분임을 더 깊이 경험하는 필자와 독자들이 되길 바란다.

이번 성탄절을 준비하면서 주님께서 우리와 함께 하심을 그저 머리로만 이해하는 데에서 한 걸음 더 나아가 삶의 한복판에서 실존적으로 경험하고, 또 이를 확신하는 은혜가 있기를 바란다.

"보라 처녀가 잉태하여 아들을 낳을 것이요 그의 이름은 임마누엘이라 하리라 하셨으니 이를 번역한즉 하나님이 우리와 함께 계시다 함이라"(마 1:23)

1. 저자 마태는 예수님의 탄생 기사를 기록하면서 이사야 9:6-7을 인용하지는 않는다. 하지만 마태는 성취공식을 사용하면서 마태복음 1:23에서 이사야 7:14을 직접 인용한다. 마태가 성취공식을 사용하면서 이사야 7:14을 직접 인용한 사실에 근거해 볼 때, 그에 인접한 이사야 9:6-7을 마태가 염두에 두었다고 보는 입장은 개연성이 있어 보인다.
2. 아울러 그리스도의 나심이 궁극적으로 십자가의 대속을 통한 구원사역을 향하고 있음을 생각할 때(빌 2:6-8 참조), 주님의 탄생은 하나님이 우리를 변함없이 사랑하신다는 부동의 증거이기도 하다(요일 4:7이하).
3. "예수께서 나아와 말씀하여 이르시되 하늘과 땅의 모든 권세를 내게 주셨으니 그러므로 너희는 가서 모든 민족을 제자로 삼아 아버지와 아들과 성령의 이름으로 침(세)례를 베풀고 내가 너희에게 분부한 모든 것을 가르쳐 지키게 하라 볼지어다 내가 세상 끝날까지 너희와 항상 함께 있으리라 하시니라"(마 28:18-20).

묵상과 적용을 위한 질문

주님이 당신과 함께 하신다는 증거를 어디에서 찾고 계십니까? 주님의 함께 하심을 단지 지식적으로 알고 있을 뿐입니까? 아니면 실존적 고백입니까? 단회적 경험입니까 아니면 라이프스타일입니까?

나만의 묵상 메모

오늘 묵상을 통해 주시는 은혜와 감동을 자유롭게 기록해 보세요.

저자와 함께하는 한 줄 기도

주께서 가까이 계시고 함께 해 주심을 실존적으로 경험하고 고백하는 이번 성탄되게 하소서.

기도와 결단

오늘 묵상한 말씀의 적용과 삶의 결단을 담아 자신의 기도를 적어 보세요.

Day 13 말씀대로 순종하기

오늘의 본문

1:24 요셉이 잠에서 깨어 일어나 주의 사자의 분부대로 행하여 그의 아내를 데려왔으나

1:25 아들을 낳기까지 동침하지 아니하더니 낳으매 이름을 예수라 하니라(마 1:24-25[1])

저자 해설 및 묵상

마태복음 1-2장에 기록된 탄생기사를 보면, 중요한 시점마다 주의 사자(천사)가 요셉에게 꿈 가운데 나타나 지시를 내리는 모습과 요셉이 그에 따라 순종하는 모습이 거듭 반복된다.[2] 특히 마태복음 1:24-25은 꿈[3]이라는 특별한 방법을 통해 주의 사자가 전한 말씀에 요셉이 그대로 순종했음을 보여 준다. 주의 사자(천사)는 하나님의 말씀을 전하는 메신저다. 그러므로 요셉이 그가 전한 말에 순종했다는 이야기는 결국 하나님의 말씀에 순종했다는 의미다.

'주의 사자가 전해 준 말이 정말 사실일까?' '정말 임신한 마리아를 데려와야 하나?' '남자와의 성적 관계 없이

임신이 된다는 것이 정말 가능할까?' '마리아는 앞으로 부정한 짓을 범했다는 루머를 평생 달고 살게 될 터인데, 그런 마리아를 아내로 삼게 될 때 나와 우리 집안의 평판은 어떻게 될 것인가?' 아마 이런 생각들이 순간적으로 요셉의 머리를 스쳤을 것이다. 그러나 요셉은 그에게 주신 말씀에 순종했다! 아마 요셉의 맘 속에 여러 생각이 들 수도 있었겠으나 그는 꿈에서 깨는 대로 단호하고도 지체함 없이 주신 말씀에 그대로 순종했다. "요셉이 잠에서 깨어 일어나 주의 사자의 분부대로 행하여 그의 아내를 데려왔으나"(마 1:24).

아울러 마태복음 1:25 하반절("낳으매 이름을 예수라 하니라") 역시 주의깊게 살펴봐야 한다. 태어난 아이의 이름을 짓는 것은 당시의 문화적 배경에서 아버지의 권한이요 책임이었다. 그러므로 요셉이 태어난 아이의 이름을 정한다는 것은 바로 아이의 법적 아버지로서 의무를 다하겠다는 것을 의미한다. 그가 지은 이름은 역시 주의 천사가 꿈 속에서 앞서 명한 바("아들을 낳으리니 이름을 예수라 하라"[마 1:21])였으며, 요셉은 그에 순종했다(마 1:25 하반절).

요셉은 주의 천사가 전해 준 말씀대로 마리아를 아내로 맞았고(마 1:24), 주의 천사가 말씀한 대로 마리아에게서 난 아기의 법적 아버지 역할을 받아들였다(마 1:25). 그는 천사가 전해 준 하나님의 말씀에 순종했다. 그것이 아마도 받아들이기에 매우 어려운 말씀이었으리라 생각되지만, 요셉은 그럼에도 여전히 순종했다.

요셉은 현몽한 천사를 통해 하나님의 말씀을 받았지만, 우리에겐 성경66권이 주어져 있다. 성경은 하나님의 말씀이며, 우리는 성경에서 하나님의 음성을 만난다(이번 25일간의 성탄 묵상 여정 가운데 그런 일이 매일 실제적으로 경험되길 바라고 기도한다). 우리가 하나님의 계시인 성경을 접할 때, 우리가 처한 상황이나 당면한 문제 때문에 여러 복잡한 생각이 들 수도 있을 것이다. 하지만 결국 원초적으로 중요한 것은 순종, 불순종의 여부다. 우리가 요셉처럼 주님 말씀에 대한 순종으로 나아가는가, 아니면 여러 이유와 핑계를 둘러대며 대놓고 혹은 교묘히 불순종하고 있는가 여부가 핵심이다.[4]

하나님의 사자가 꿈에서 전한 말씀을 순종하는 요셉의 모습은 현대를 살아가는 그리스도의 제자들이 본받아야 할 모범이다. 말로는 순종한다고 이야기하지만 결국에는 내가 하고 싶은 대로 행동하진 않았는가? 주님의 나심을 기념하는 이 성탄의 계절에 순종하는 요셉의 모습을 보며 우리의 모습을 되돌아보는 계기가 되어야 한다.

하나님 말씀에 순종하려는 열망으로 진정 풍성해지는 이번 성탄이 되길 바란다. 주님에 대한 순종이 주는 기쁨을 마음껏 경험하고, 음미하는 이번 성탄이 되길 바란다. 말씀대로 살 용기가 충천해지고, 말씀대로 사는 것이 점

점 체질이 되어가는 영적 식이요법이 시행되는 이번 성탄
이 되길 간구한다.

1. 마태복음 1:18-25은 그리스도의 탄생 및 그 전후사건에 대해 누가복음에 기록된 내용 중 상당부분을 포함하지 않는다. 아마도 저자 마태는 그의 최초독자들이 그것들(혹은 그것들 중 일부)에 대해 이미 알고 있는 것으로 가정하는 듯하다.
2. 이처럼 하나님의 주권적 은혜와 하나님께 순종해야 할 인간의 책임은 신비롭게 공존한다.
3. 아기 예수를 경배하려 별을 따라온 동방의 박사들 역시 꿈을 통해 '헤롯의 지시를 따르지 말고 바로 본국으로 돌아가라'는 특별한 인도하심을 받고 그에 따른다(마 2:12).
4. 불순종은 지연, 취사선택, 신학적 정당화 등 여러 교묘한 양태를 띨 수 있다. 다음 질문들이 우리들을 돌아보는 데 있어 도움이 되리라 생각한다.
   - 혹시 우리가 주님의 말씀에 대한 순종을 지연하는 것이 우리 몸에 베어가고 있는 것은 아닌가?
   - 혹시 우리가 스스로의 입에 맞게 부분적, 취사선택적 순종을 하는 것이 몸에 베어가고 있는 것은 아닌가?
   - 혹시 우리가 성경말씀에 습관적으로 익숙해진 결과, 기독교의 문화적 색채만 간직한 채 하나님 말씀에 순종해야 할 특권과 책무를 '값싼 은혜'의 신학으로 대체하고 있는 것은 아닌가?

묵상과 적용을 위한 질문

만약 당신이 요셉의 상황이었다면 '마리아를 데려오고 태어날 아기의 아버지 역할을 감당하라'는 말씀을 천사가 전한 대로 순종했을까요? 어떤 심정으로 그에 반응했을까요? 당신의 기대나 원함와는 전혀 다른 하나님의 명령 앞에 당신은 어떻게 반응하겠습니까?

나만의 묵상 메모

오늘 묵상을 통해 주시는 은혜와 감동을 자유롭게 기록해 보세요.

저자와 함께 하는 한 줄 기도

주의 말씀이라면 순종하고자 하는 마음을 주시고 주께 순종하는 기쁨을 깨닫게 하소서

 기도와 결단

오늘 묵상한 말씀의 적용과 삶의 결단을 담아 자신의 기도를 적어 보세요.

더 깊은 묵상과 기도(II)

오늘의 본문

1:18 예수 그리스도의 나심은 이러하니라 그의 어머니 마리아가 요셉과 약혼하고 동거하기 전에 성령으로 잉태된 것이 나타났더니

1:19 그의 남편 요셉은 의로운 사람이라 그를 드러내지 아니하고 가만히 끊고자 하여

1:20 이 일을 생각할 때에 주의 사자가 현몽하여 이르되 다윗의 자손 요셉아 네 아내 마리아 데려오기를 무서워하지 말라 그에게 잉태된 자는 성령으로 된 것이라

1:21 아들을 낳으리니 이름을 예수라 하라 이는 그가 자기 백성을 그들의 죄에서 구원할 자이심이라 하니라

1:22 이 모든 일이 된 것은 주께서 선지자로 하신 말씀을 이루려 하심이니 이르시되

1:23 보라 처녀가 잉태하여 아들을 낳을 것이요 그의 이름은 임마누엘이라 하리라 하셨으니 이를 번역한즉 하나님이 우리와 함께 계시다 함이라

1:24 요셉이 잠에서 깨어 일어나 주의 사자의 분부대로 행하여 그의 아내를 데려왔으나

1:25 아들을 낳기까지 동침하지 아니하더니 낳으매 이름을 예수라 하니라

오늘은 지난 6일(Day 8 – Day 13)간 묵상했던 본문을 독자께서 직접 더 깊이 묵상하고 더 깊은 기도의 자리로 나아가는 날입니다. 먼저 마태복음 1:18-25 본문을 3회 이상 천천히 기도하는 마음으로 읽으시고, 그 가운데 주님의 인도하심을 따라 더 깊이 있는 말씀묵상과 기도의 자리로 나아가시기 바랍니다. 다음의 질문들이 묵상과 기도에 도움이 되실 것입니다.

- 오늘 말씀 묵상을 통해 지난 6일간 묵상했던 내용들 중 특별히 더 주목하게 되는 부분은 무엇입니까? 지난 6일간 깨닫지 못했던 것을 새롭게 깨닫게 된 부분은 무엇입니까?

- 지난 6일간 깨달은 내용 중 실천한 것은 무엇입니까? 그렇게 실천하는 과정에서 무엇을 새롭게 경험했습니까?

- 실천하는 과정에서 어려웠던 것은 또 무엇입니까? 지난 6일간 깨달은 내용 중 제대로 실천하지 못했거나 잊어버렸던 것은 무엇입니까?

- 지난 6일간 깨달은 것과 실천할 수 있었던 것에 대해 주님께 감사의 기도와 찬양을 드리시기 바랍니다. 아직 실천하지 않고 있거나 실천함에 있어 어려움이 있는 것들에 대해 주님께서 힘을 주셔서 실천할 수 있게 해 달라고 간구하세요.

- 그 외의 묵상 내용과 기도를 자유롭게 적어보세요.

더 깊은 묵상

더 깊은 기도

더 생각해 보기 (마 1:18-25; 2:7-8)

마리아의 임신이 성령을 통한 잉태임을 깨닫기에 앞서 요셉은 율법 규정에 따라 마리아와의 정혼관계를 '은밀하게'(개역개정: '가만히') 정리하고자 했다. "그를 드러내지 아니하고 가만히 끊고자 하여"(마 1:19). 여기서 '가만히'(= 은밀하게)에 해당하는 헬라어 단어는 $\lambda\alpha\theta\rho\alpha$(음역: 라쓰라)로 마태복음에서 2회 등장한다. 첫번째는 마태복음 1:19인데, 여기서 이 단어는 마리아를 향한 요셉의 긍휼과 배려의 맥락에서 사용된다. 요셉은 마리아에게 공개적 수치를 주지 않고자 배려하는 마음으로 긍휼을 베풀고자 했다. 두번째는 헤롯왕과 관련해서 사용되는데, 이 경우는 '은밀함'이 그의 악한 계략과 획책에 연관되어 사용된다. "이에 헤롯이 가만히(= 은밀하게) 박사들을 불러 별이 나타난 때를 자세히 묻고 베들레헴으로 보내며 이르되 가서 아기에 대하여 자세히 알아보고 찾거든 내게 고하여 나도 가서 그에게 경배하게 하라"(마 2:7-8). 헤롯이 정말 그가 말한 대로 왕으로 난 아기를 경배하기 원했다면(8절) 굳이 동방박사들을 은밀하게(7절) 불러 그들에게 문의할 이유가 없었을 것이다. 방금 인용한 2:7-8의 내용을 보더라도 '경배'에 대한 언급보다는 '무언가 알아내는 대로 나에게 다 보고해!'라는 요청이 훨씬 더 강조되어 있다. 헤롯은 사실 왕으로 난 이를 경배하기 위해서라 아니라 그를 조기에 제거함으로써 자신의 왕위를 지키고자 그렇게 은밀하게 행동했던 것이다. 헤롯의 은밀함과 요셉의 은밀함은 그 동기와 목적이 극명히 대조된다.

우리의 은밀함은 이 둘 중 어느 쪽을 닮았는가? 우리의 은밀함은 요셉의 경우처럼 배려, 긍휼의 표현인가? 아니면 헤롯의 경우처럼 거짓과 자기방어의 상징인가? 요셉과 헤롯의 '은밀함'은 서로 같은 이름(one name)을 가졌지만, 전혀 다른 두 실체다. 이 두 다른 실체를 명확히 구분할 수 있는 분별력과 지혜가 우리에게 있기를 바란다.

참 왕이신 그리스도

오늘의 본문

2:1 헤롯 왕 때에 예수께서 유대 베들레헴에서 나시매 동방으로부터 박사들¹이 예루살렘에 이르러 말하되
2:2 유대인의 왕으로 나신 이가 어디 계시냐 우리가 동방에서 그의 별²을 보고 그에게 경배하러 왔노라 하니
2:3 헤롯 왕과 온 예루살렘이 듣고 소동한지라³
2:11 집에 들어가 아기와 그의 어머니 마리아가 함께 있는 것을 보고 엎드려 아기께 경배하고 보배합을 열어 황금과 유향과 몰약을 예물로 드리니라

저자 해설 및 묵상

별을 연구하는 동방의 박사들은 특별한 별을 발견하고 여행을 시작한다. 그리고 '유대인의 왕으로 나신 이'를 경배하고자 하는 목적으로 예루살렘에 당도한다(마 2:2). 당시 그리스-로마 문화권에서 왕의 탄생 소식을 '복음'(헬라어: 유앙겔리온)이라 칭했음을 생각할 때, 마태복음 2:2에 기록된 동방박사들의 말은 매우 흥미롭다.⁴ "유대인의 왕으로 나신 이가 어디 계시냐 우리가 동방에서 그의 별을 보고 그에게 경배하러 왔노라"(마 2:2).

한편, 만왕의 왕의 탄생을 알리는 뉴스가 헤롯에게는

두려움과 번민의 소식이 되었다는 사실 역시 매우 흥미롭다. 마태는 참된 왕 예수와 가짜 왕 헤롯을 간접 비교한다. 동방박사들이 했던 질문("유대인의 왕으로 나신 이가 어디 계시냐"[마 2:2])에 나와 있듯, 예수 그리스도는 왕으로 나신 분이다. 헤롯처럼 자신의 노력과 수완으로 어렵게 왕위에 오른 존재가 아니다. 헤롯은 이두매인이었기에 혈통상 이스라엘의 왕이 될 수 없었지만 외교술과 책략으로 왕위를 거머쥐었다. 하지만 헤롯 같은 가짜는 진짜를 두려워할 수 밖에 없다. 자신의 알량한 노력과 온갖 수단, 방법을 다해 가까스로 왕위에 오른 이(헤롯)는 왕으로 난 이(예수)를 두려워할 수 밖에 없다.

동방박사들은 예수를 '유대인의 왕'으로 칭했지만 그들이 그 아기를 경배하기 위해 먼 거리를 여행해 왔다는 사실과 아기께 경배한 것은 예수님이 유대인의 왕의 범주를 뛰어넘는 만왕의 왕이 되심을 암시한다. 마태복음의 첫 구절인 예수님의 계보에 다말, 라합, 룻 같은 이방 여인들이 포함되어있는 것(마 1:3, 5) 역시 이와 무관해 보이지 않는다.[5]

동방의 박사들이 유대 땅에 온 목적이 아기 예수를 '경배'(προσκυνέω)하기 위함이었다는 사실에 주목해야 한다(마 2:2, 11). 동방의 박사들은 태어난 아기 앞에 엎드려 절함으로 그를 경배한다. "집에 들어가 아기와 그의 어머니 마리아가 함께 있는 것을 보고 엎드려 아기께 경배하고 보배합을 열어 황금과 유향과 몰약을 예물로 드리니라"(마 2:11). 동방박사들이 엎드려 절했다는 것은 왕으로 나신 이에 대한 경의를 표한다. 참된 왕은 그런 경배를 받기에 합당하다.

그러나 우리의 이해가 그저 거기에서 멈추어선 안 된다. 왜냐면, 이 아기는 그저 인간 혹은 이상적 인간(ideal humanu being) 정도가 아니기 때문이다. 그는 참 하나님이시요, 참 사람이시다. 그렇게 볼 때, 왕으로 나신 이에 대한 동방박사들의 경배(마 2:11)는 제자들이 부활하신 그리스도 앞에 엎드려 예배하는 장면과 평행을 이루며(마 28:16-17[6]; 9절[7] 함께 참조), 장차 모든 무릎이 예수 그리스도 앞에 무릎 꿇고, 모든 입술이 그분을 죽음을 이기신 생명의 주로 고백할 그 날을 대망케 한다(빌 2:10-11 [사 45:23[8] 인용]). 그렇다! 우리 주 예수 그리스도는 예배 받기에 합당하시다!(계 4-5)

'예수를 믿는다'는 것은 주권이 바뀌는 것(lordship transfer)을 뜻한다. 전에는 다른 대상을 섬기고, 나 자신을 섬겼지만, 이제는 예수 그리스도를 삶의 주권자, 즉 왕으로 모신다는 뜻이다. 당신 삶의 진정한 왕은 누구인가? 당신은 예수를 진정 왕으로 모시고 그분께 경배하고 있는가? 당신은 그리스도를 주일 낮 예배시간뿐 아니라 일상에서 예배하며 살고 있는가?(롬 12:1-2) 이번 성탄이 주님에 대한 예배로 가득 찬 시간이 되길 바란다. 우리가 드리는 공적 예배뿐 아니라 우리 삶 자체가 예배로 드려지는 성탄의 계절이 되길 간절히 기도한다.

1. 동방의 박사들은 고대 페르시아의 현인-제사장들로 당시 천문학의 전문가였다(2:2, 9-10 참조).
2. 여기서 동방박사들이 보았다는 '별'이 하나님의 계시를 전하는 천사를 상징하는 문예적 표현이라는 주장이 있다. 한 번 고려해 볼 만한 흥미로운 입장이라고 생각된다.
3. 마태복음 2:3은 "유대인의 왕으로 나신 이가 어디 계시냐?"(2절)는 동방박사들의 질문을 접하고 "헤롯 왕과 온 예루살렘이 듣고 소동한지라"고 보도하는데, 여기서 '온 예루살렘'은 특히 헤롯이 임명한 예루살렘의 정치지도자들과 종교지도자들을 통칭하는 표현으로 보인다(마 2:4 참조). 지도자가 백성 전체 혹은 공동체 전체를 대표한다는 개념은 현대에도 남아 있지만 고대에는 더욱 더 강력했다.
4. 물론 마태가 '복음'이란 단어를 통해 말하고자 하는 바는 이런 그리스-로마 문화권의 용례를 넘어선다. 마태 그리고 다른 신약성경 저자들이 말하는 '복음'이란 예수 그리스도 안에 있는 그리고 예수 그리스도를 통한 하나님의 구원하심에 관한 소식(고전 15:3-4 참조)이다.
5. 그리스도의 사역이 유대인만을 위한 것이 아니라 이방인을 포함하여 온 인류를 위한 것이란 점에 관해서는 다음의 마태복음 구절들을 참고하라(마 3:9; 8:5-13; 15:21-28; 24:14; 28:19).
6. "열한 제자가 갈릴리에 가서 예수께서 지시하신 산에 이르러 예수를 뵈옵고 경배하나 아직도 의심하는 사람들이 있더라"(마 28:16-17).
7. "예수께서 그들을 만나 이르시되 평안하냐 하시거늘 여자들이 나아가 그 발을 붙잡고 경배하니"(마 28:9).
8. 빌립보서 2:10-11은 이사야 45:23에서 이스라엘의 하나님께 적용되는 묘사를 예수 그리스도에게 그대로 적용함으로써 그리스도의 신적 정체성과 권위를 강력히 시사한다.

묵상과 적용을 위한 질문

예수 그리스도를 왕으로 모시고 그를 경배하며 살고 계십니까? 아니면 가짜들이 당신의 삶 가운데 왕노릇하도록 허락하거나 타협하고 계신가요? 이 성탄의 계절에 당신은 공적 예배뿐 아니라 일상의 삶 가운데 예배자로 살고 있습니까?

나만의 묵상 메모

오늘 묵상을 통해 주시는 은혜와 감동을 자유롭게 기록해 보세요.

저자와 함께하는 한 줄 기도

예수 그리스도를 왕으로 모시고 그를 일상의 삶 가운데 예배하는 성탄의 계절 되게 하소서.

기도와 결단

오늘 묵상한 말씀의 적용과 삶의 결단을 담아 자신의 기도를 적어 보세요.

16 Day 한 분 그리스도, 여러 반응들(1)

오늘의 본문

2:1 헤롯 왕 때에 예수께서 유대 베들레헴에서 나시매 동방으로부터 박사들이 예루살렘에 이르러 말하되

2:2 유대인의 왕으로 나신 이가 어디 계시냐 우리가 동방에서 그의 별을 보고 그에게 경배하러 왔노라 하니

2:3 헤롯 왕과 온 예루살렘이 듣고 소동한지라

2:4 왕이 모든 대제사장과 백성의 서기관들을 모아 그리스도가 어디서 나겠느냐 물으니[1]

2:5 이르되 유대 베들레헴이오니 이는 선지자[2]로 이렇게 기록된 바

2:6 또 유대 땅 베들레헴아 너는 유대 고을 중에서 가장 작지 아니하도다 네게서 한 다스리는 자가 나와서 내 백성 이스라엘의 목자가 되리라 하였음이니이다

2:7 이에 헤롯이 가만히 박사들을 불러 별이 나타난 때를 자세히 묻고

2:8 베들레헴으로 보내며 이르되 가서 아기에 대하여 자세히 알아보고 찾거든 내게 고하여 나도 가서 그에게 경배하게 하라

2:9 박사들이 왕의 말을 듣고 갈새……

저자 해설 및 묵상

마태는 그리스도의 탄생에 대해 서로 비교, 대조되는 다양한 반응들을 전한다. 첫째, 동방박사들의 반응이다. 그들은 왕이신 그리스도의 탄생을 축하하고, 그를 경배하기 위해 먼 길을 여행하여 예루살렘까지 왔다. 그들 안에는 큰 기쁨이 넘친다(마 2:10). 마태는 중복적 표현("매우 크게 기뻐하고 기뻐하더라")을 통해 동방 박사들의 기쁨을 강조한다(마 2:10).³ 동방박사들은 아기 예수를 경배하며 그에게 매우 귀한 예물을 드린다(마 2:11). 여기서 동방 박사들이 기뻐한 것은 일차적으로는 동방에서 봤던 그 별을 다시 발견했기 때문이겠지만, 그들이 유대 땅에 온 이유가 왕으로 난 아기를 경배하기 위해서였기에 이들의 기쁨을 아기 예수를 경배하는 것으로부터 분리할 수 없다.

둘째는 그와 매우 대조적인 것으로 다름 아닌 헤롯의 반응이다. 헤롯은 왕으로 나신 이를 경배하는 대신 자신의 알량한 기득권 고수에 병적으로 집착한다. 그는 왕이신 그리스도의 탄생 소식을 자신의 '통치주권'에 대한 직접적 위협으로 받아들인다. 헤롯 자신이 '유대인의 왕'인데, 자신 말고 다른 왕이 있다는 이야기에 놀라 당황한다. 헤롯 안에는 자기 것을 스스로 지키려는 강박관념과 거기서 연유한 두려움이 넘친다. 그렇기에 그는 서슴지 않고 교묘한 거짓말을 마구 해댄다(마 2:7-8). 동방박사들을 은밀히 불러 "나도 왕으로 난 아기를 경배하겠다"고

둘러대며 아이의 소재를 바로 자신에게 알려달라고 요청한다(마 2:8).

그러나 헤롯이 동방박사들을 은밀히 불렀던 것은 사실 그 아기의 소재가 파악되는 즉시 그를 죽이고자 했기 때문이다. 헤롯은 그 아기를 제거함으로 자신의 알량한 왕권을 지키고자 했다. 헤롯이 왕으로 난 아기를 정말로 경배하려고 했다면 왜 굳이 동방박사들만 불러 은밀히 말했겠는가? 헤롯의 은밀함은 그의 참 의도가 왕으로 난 이에 대한 경배와는 거리가 멀다는 사실을 입증한다. 실제로 동방 박사들이 자신에게 협조하지 않고, 아무 정보를 주지 않은 채 다른 루트를 통해 본국으로 귀환함으로써 헤롯 자신의 계획대로 일이 진행되지 않자 헤롯은 격노하며 광기 어린 집단적 영아 학살을 서슴지 않는다. "이에 헤롯이 박사들에게 속은 줄 알고 심히 노하여 사람을 보내어 베들레헴과 그 모든 지경 안에 있는 사내아이를 박사들에게 자세히 알아본 그 때를 기준하여 두 살부터 그 아래로 다 죽이니"(마 2:16). 이로써 우리는 자신의 것을 스스로 통제, 유지, 보존하려는 집착이 지닌 살인적 파괴력을 헤롯이란 인물을 통해 생생히 목격한다.

오늘 그리스도인임을 자부하는 우리는 그리스도의 왕권(kingdom/kingship)에 과연 어떻게 반응하는가? 그리스도의 주권보다 자신의 알량한 '주권'을 더 중요하게 여기며, 주님으로부터 자신의 삶의 특정 영역을 보호하고자 애쓰고 있는 것은 아닌가? 헤롯처럼 "나도 가서 왕으로 난 이를 경배할게"(마 2:8)라고 말만 해 놓고, 뒤에서는 입에 담기 어려운 악한 계략을 세우지는 않을 것이다. 하지만 "예수님, 다른 것은 몰라도 내 삶의 이런 저런 부분은 절대 간섭하시면 안 돼요"라고 암묵적으로 요청하며 자기주권 수호에 은근 열을 내고 있는 것은 아닌가? 헤롯 같은 극단적 생각은 아니더라도 우리 역시 우리가 가진 것들을 자신의 힘으로 통제, 유지, 보존하고자 과도하게 집착하는 경우는 많다. 그 과정에서 적절한 과장, 축소, 은폐를 직접 자행하거나, 은근 슬쩍 묵인하는 경우도 적지 않다. 말로는 '주를 예배합니다. 주께만 영광 돌립니다.'라고 말하지만 속으론 딴 생각을 더 많이 하며, 소위 '자기 밥그릇'을 챙기는 일에 많은 관심을 두기도 한다.

성탄을 준비하는 이 시간 당신은 그리스도께 과연 어떻게 반응하고 있는가? 그리스도께 대한 당신의 반응을 한 단어로 요약한다면 무엇인가?

---

1. 이 같은 헤롯의 질문은 그가 구약성경에 대해 무지함을 드러내 준다.
2. 미가서를 가리킨다.
3. 헬라어 구문을 보면, 마2:10에서 저자 마태는 동방에서 온 박사들이 크게 기뻐했음을 형용사와 부사를 중복적으로 사용함으로 강조한다. 이 부분의 구문을 한글로 직역을 하면, '큰 기쁨으로 크게 기뻐했다' 정도가 될 것이다.

묵상과 적용을 위한 질문

성탄을 맞이하는 이 기간에 당신은 예수 그리스도께 어떻게 반응하고 있습니까? 예수 그리스도의 나심을 축하하는 성탄을 어떤 마음으로 맞고 있습니까? 지금 그리스도에 대한 당신의 반응을 한 단어로 요약한다면 무엇입니까?

나만의 묵상 메모

오늘 묵상을 통해 주시는 은혜와 감동을 자유롭게 기록해 보세요.

저자와 함께하는 한 줄 기도

성탄의 계절에 예수 그리스도 그분으로 인해 큰 기쁨이 넘치게 하옵소서.

 기도와 결단

오늘 묵상한 말씀의 적용과 삶의 결단을 담아 자신의 기도를 적어 보세요.

한 분 그리스도, 여러 반응들(2)

오늘의 본문

2:1 헤롯 왕 때에 예수께서 유대 베들레헴에서 나시매 동방으로부터 박사들이 예루살렘에 이르러 말하되

2:2 유대인의 왕으로 나신 이가 어디 계시냐 우리가 동방에서 그의 별을 보고 그에게 경배하러 왔노라 하니

2:3 헤롯 왕과 온 예루살렘이 듣고 소동한지라

2:4 왕이 모든 대제사장과 백성의 서기관들을 모아 그리스도가 어디서 나겠느냐 물으니

2:5 이르되 유대 베들레헴이오니 이는 선지자[2]로 이렇게 기록된 바

2:6 또 유대 땅 베들레헴아 너는 유대 고을 중에서 가장 작지 아니하도다 네게서 한 다스리는 자가 나와서 내 백성 이스라엘의 목자가 되리라 하였음이니이다

2:7 이에 헤롯이 가만히 박사들을 불러 별이 나타난 때를 자세히 묻고

2:8 베들레헴으로 보내며 이르되 가서 아기에 대하여 자세히 알아보고 찾거든 내게 고하여 나도 가서 그에게 경배하게 하라

2:9 박사들이 왕의 말을 듣고 갈새……

저자 해설 및 묵상

어제는 그리스도의 탄생에 대한 헤롯과 동방박사들의 반응을 살펴봤다. 어찌 보면 이 둘만큼 눈에 잘 띄지 않지만, 세 번째 그룹의 반응 역시 주목할 필요가 있다. 바로 예루살렘에 있는 종교지도자들(대제사장과 백성의 서기관)의 반응이다. 구약에 대해 무지했던 헤롯과는 달리, 이들 종교지도자들은 미가 선지자의 예언에 근거해서 왕적 메시아(royal messiah)가 베들레헴에 태어난다는 것을 정확히 알고 있었다. 하지만, 동방 박사들을 통해 그가 태어났다는 이야기를 접하고도 아무런 행동도 취하지 않았다. 이들이 메시아의 오심에 대한 열정이나 참된 관심을 얼마라도 갖고 있었다면, 적어도 동방 박사들을 따라 베들레헴으로 가서 왕으로 났다는 그 아기에 관해 확인이라도 해 봤을 것이다. 그러나 이들의 반응은 무반응 그 자체였다. 신학적으로는 메시아에 대해 좀 알고 있었을지언정, 실제적으로 메시아에 대한 관심과 열정은 완전히 결여되어 있었다. 신학적 지식 면에서는 헤롯보다 앞서 있을지 몰라도 이들은 결국 헤롯과 한편으로 남는다. 이방인인 동방 박사들은 아기 예수를 찾아가 경배하는데, 이스라엘의 종교지도자들은 그에게 무관심하다는 사실이 아이러니하게 다가온다.

근데 혹시 오늘 우리의 모습이 이들 종교지도자와 같지는 않은가? 많은 신앙적, 신학적 지식을 갖고 있으나 아무 행동도 취하지 않는 바로 그런 모습 말이다. 오늘 그리스도인임을 자부하는 우리는 그리스도의 '왕권'(kingdom/kingship)에 어떻게 반응하고 있는가? 종교 지도자들처럼 지식은 있으나, 실제적으로는 무관심하며 아무 반응도 취하지 않고 있는 것은 아닌가? 성경에 대해 좀 알고, 입술로는 멋드러지게 신앙을 고백하지만, 마음속으로는 그리스도에 대한 열정과 사랑이 식었고, 믿음에 따른 아무런 행동 없이 주님이 이땅에서 허락하신 시간을 낭비하고 있는 것은 아닌가?

혹시 지식이 믿음이라고 착각하고 있는 것은 아닌가? 그리스도를 아는 지식은 그리스도께로 우리를 이끄는 하나의 매개는 될 수 있을지 모르나 그것이 구원을 보장하진 않는다. 혹시 우리가 가진 그리스도를 향한 무관심이 지식을 믿음으로 착각하는 데에서 기인한 것은 아닌가? 이 성탄의 계절에 우리의 믿음을 검증해 보는 좋은 기회가 되길 바란다.

그런데 대제사장과 백성의 서기관들은 왜 이렇듯 무관심하게 반응했을까? 1세기 당시 유대교 분파 중 메시아의 임박한 도래에 대한 기대와 관심을 두고 있었던 것은 '에세네파'였다. 이들은 성전을 중심으로 한 기존 종교권력에 대해 매우 비판적이었고, 유대 광야로 들어가서 공동체를 이루고 살면서 쿰란문헌을 생산해냈다. 에세네파 외의 다른 유대분파들은 메시아의 임박한 도래에 대해 크게 기대치 않고 있었다. 그것이 어쩌면 왕-메시아 탄생의 소문에 대해 대제사장과 백성의 서기관들이 그토록 무관심했던 이유일 수 있다.

그러나 그 실제 이유가 무엇이든 간에, 그리스도에 대한 종교지도자들의 무관심과 무반응은 정당화될 수 없다. 우리 역시 마찬가지다. 여러 가지 신앙적, 신학적 이유나 삶의 상황과 연관된 이유를 둘러댈 수 있겠지만, 그것들이 그리스도에 대한 무관심과 무반응, 그리고 행동하지 않는 우리의 믿음을 정당화해주지 않는다.

당신은 오늘 그리스도께 어떻게 반응하고 있는가? 당신은 어떤 마음으로 그리스도의 나심을 축하하는 성탄의 계절을 맞이하고 있는가?

묵상과 적용을 위한 질문

지식으로는 메시아에 대해 제법 알지만 실제 삶속에서는 그에게 아무 관심도 없고 아무 반응도 취하지 않았던 종교지도자들에 대해 어떻게 생각하십니까? 당신은 오늘 그리스도께 어떻게 반응하고 있습니까? 이번 성탄을 어떤 마음으로 맞이하고 있습니까?

 나만의 묵상 메모

오늘 묵상을 통해 주시는 은혜와 감동을 자유롭게 기록해 보세요.

저자와 함께 하는 한 줄 기도

그리스도에 대한 우리의 지식이 생명력 있는 지식, 행동을 가져오는 변혁의 지식되게 하소서.

기도와 결단

오늘 묵상한 말씀의 적용과 삶의 결단을 담아 자신의 기도를 적어 보세요.

베들레헴이 굳이 중요한 이유

오늘의 본문 2:6 또 유대 땅 베들레헴아 너는 유대 고을 중에서 가장 작지 아니하도다 네게서 한 다스리는 자가 나와서 내 백성 이스라엘의 목자가 되리라 하였음이니이다(미5:2)

저자 해설 및 묵상 베들레헴은 보잘것없는 지역이었다. 선지자 미가가 활동했던 주전 700년 전후나 예수님이 태어나셨던 그 때나 크게 차이가 없었다. 지금은 베들레헴이 성지순례 코스로 아주 유명해졌지만, 미가 선지자 시대와 예수님 당시에는 상황이 달랐다.

그럼에도 불구하고 선지자 미가는 그의 예언에서 베들레헴을 매우 중요하게 여겼다. 그리고 마태는 미가 선지자의 예언을 인용하면서 그에 전적인 동의를 표한다. 왜 미가 선지자와 마태에게 베들레헴이 중요했는가? 베들레헴은 양적으로나 질적으로나 어디를 봐도 별것 아닌 동네 아닌가? 사실 베들레헴이 중요한 이유는 딱 한 가지인데, 바로 메시아가 태어날 장소로 구약성경(미가서)에 지목되었다는 사실 때문이다. 과연 메시아는 실제 베들레헴에서 출생하셨다(마 2:6; 미 5:2 [삼하 5:2 참조]).

예루살렘에서 약 16km 거리에 위치한 작은 고을 베들레헴은 전혀 주목받는 동네가 아니었다. 특산물이 나오는 곳도 아니었고, 무역이나 교통의 중심지도 아니었다. 다윗의 고향이었음에도 불구하고 구약 시대나 예수님께서 나실 때까지도 전혀 주목받지 못하는, 하찮은 고을에 불과했다. 하지만 미가 선지자는 일찍이 그 작은 고을에서 '이스라엘을 다스릴 자'가 나온다고 예언했다(미 5:2). 미가 선지자가 예언했던 '이스라엘을 다스릴 자'는 누구인가? 그분은 바로 하늘과 땅의 모든 권세를 가지시고, 만물을 통치하시는 만왕의 왕 예수 그리스도이다(마 28:18). 예수님이 베들레헴에서 나셨기에 이 작은 고을은 더는 별것 아니거나, 하찮은 존재가 아니다![1]

우리 자신에게 잠시 눈을 돌려보자. 우리 인생이 소중한 이유는 무엇인가? 그리고 우리가 속한 그리스도의 공동체가 고귀한 이유는 무엇인가? 우리가 잘났기 때문인가? 우리가 소중한 존재로 추앙받을만한 요소가 있기 때문인가? (혹시라도 그렇게 착각을 해선 정말 곤란하다). 우리 삶이 귀하고, 값지고, 의미 있는 이유는 바로 우리의 왕이며 메시아이신 주 예수 그리스도 때문이다. 예수님이 우리와 함께하기 때문이고, 우리가 그분의 백성이기 때문이다(마 28:18-20). 몸된 교회가 소중한 이유는 머리 되신 그리스도 때문이다(골 1:18).

별것 아닌 마을 베들레헴이 중요해진 다른 이유는 없다. 오직 예수 때문이다. 우리의 존재가 고귀한 이유 또한 그리스도 때문이다!

아울러, 큰 성 예루살렘이 아니라 작은 시골 마을 베들레헴에서 왕이 나셨다는 사실은 세상의 가치와 대조되는 하나님나라의 가치를 잘 보여준다(마 18:1-6; 19:13-15, 30, 20:16, 26-28; 23:11-12). 이는 낮춤과 종됨을 가장 중요하고 우선적인 가치로 여기는 예수님의 통치방식을 드러내 준다.

그리스도 중심, 그리고 하나님 나라의 관점에서 우리 개인과 우리가 속한 믿음의 공동체의 가치를 새롭게 이해하고 확인하는 성탄의 계절이 되길 바란다. 그 가운데 그리스도 예수 안에서 근거 없는 세속적 자신감은 철저히 낮아지고, 거룩한 자존감은 새롭게 세움을 얻게 되는 참 회복의 역사가 있길 기도한다.

사실 우리는 그리스도께서 이 땅에 오셔서 희생하시고 부활하시지 않으셨다면 그저 한 사람의 죄인일 뿐이다. 영원히 멸망 받을 한 영혼일 뿐이다. 그저 자신의 죄를 해결받지 못해 영원한 죽음을 예약한 이미 죽은 존재일 뿐이다. 죽음이 예약된 처참한 존재를 죽음의 구렁텅이에서 끄집어 올려 영원한 생명의 길로 걸어가는 존귀한 존재로 구원하시기 위해 그리스도께서 우리에게 오셨다. 우리는 작은 고을 베들레헴에 오신 구원자 예수 그리스도로 인해 비로소 존귀한 존재가 되었음을 잊지 말자!

또 유대 땅 베들레헴아 너는 유대 고을 중에서 가장 작지 아니하도다 네게서 한 다스리는 자가 나와서 내 백성 이스라엘의 목자가 되리라 하였음이니이다(마 2:6; 미 5:2).

---

1. 마태복음 2:6의 헬라어원문은 '결단코 아니다'(by no means)라는 의미를 지닌 οὐδαμῶς라는 단어를 포함하여 미가 5:2가 말하는 바를 한층 더 강조한다. 미가 5:2은 다음과 같다.
"베들레헴 에브라다야 너는 유다 족속 중에 작을지라도 이스라엘을 다스릴 자가 네게서 내게로 나올 것이라 그의 근본은 상고에, 영원에 있느니라"(미 5:2).

묵상과 적용을 위한 질문

세속적 자신감과 거룩한 자존감의 차이는 무엇입니까? 당신이 가장 중요하게 여기는 것 가지를 적어보세요. 시간을 들이지 말고 바로 생각나는 것을 적어보세요. 당신이 정말 소중한 이유는 무엇/누구 때문이라고 생각합니까?

나만의 묵상 메모

오늘 묵상을 통해 주시는 은혜와 감동을 자유롭게 기록해 보세요.

저자와 함께하는 한 줄 기도

주님 안에서 제 가치를 발견케 하시고 예수의 사람으로 거룩한 자존감을 갖고 살게 하소서.

기도와 결단

오늘 묵상한 말씀의 적용과 삶의 결단을 담아 자신의 기도를 적어 보세요.

그들의(그리고 우리의) 보배합

오늘의 본문

2:9 박사들이 왕의 말을 듣고 갈새 동방에서 보던 그 별이 문득 앞서 인도하여 가다가 아기 있는 곳 위에 머물러 서 있는지라

2:10 그들이 별을 보고 매우 크게 기뻐하고 기뻐하더라

2:11 집에 들어가 아기와 그의 어머니 마리아가 함께 있는 것을 보고 엎드려 아기께 경배하고 보배합을 열어 황금과 유향과 몰약을 예물로 드리니라

저자 해설 및 묵상

동방에서 온 박사들은 별을 통해 왕으로 난 아기가 있는 집으로 인도함을 받았다. 그 집에 들어가 왕으로 나신 이 앞에 엎드려 경배했고, 이어 그들이 준비한 보배합을 열어 귀한 예물을 존귀하신 왕께 드렸다. 마태는 이 부분에서 이사야 60:6을 암시하는 듯하다.

사 60:6 허다한 낙타, 미디안과 에바의 어린 낙타가 네 가운데에 가득할 것이며 스바 사람들은 다 금과 유향을 가지고 와서 여호와의 찬송을 전파할 것이며 지나친 알레고리적 해석은 경계해야겠지만, 황금은 왕을 위한 선물로, 유향은 신적 존재에 대한 예배에서, 몰약은 '장사'(burial)와 연관되어 종종 사용되었던 역사-문화적 배경을 단번에 무시하기는 어렵다. 동방의 박사들이 아기 예수께 드린 선물의 의미를 몰라도, 이들 모두가 당시 매우 값지고, 소중한 선물이었음은 굳이 말할 필요가 없다. 동방의 박사들은 이토록 귀한 선물을 미리 준비하여 먼 거리를 이동해 왕으로 나신 아기를 찾아 그를 경배했고, 그들의 보배합을 열어 준비한 예물을 드렸다.

이번 성탄을 맞이하면서 당신은 주님을 위해 어떤 선물을 준비하고 있는가? 이번 성탄에 당신이 주께 드릴 예물은 무엇인가? 필자는 헌금을 강요하는 것이 아니다! 사실 당신이 주께 드려야 할 '예물'은 물질적인 것이 아닐 수도 있다.

중요한 것은 무엇을 준비하든 그것은 동방의 박사들이 그렇게 했듯 자신에게 있어 소중하고 값어치 있는 것을 정성껏 준비하여 주님께 드리는 그 마음에 있다. 그렇다면 우리가 마음을 다해 바칠 수 있는 예물에는 무엇이 있을까?

주께 드릴 예물이 어떤 이에게는 순종의 결단일 수 있다. 어떤 사람에게는 손해를 감수하거나 희생적인 봉사일 수도 있다. 어떤 분에게는 바쁘고 힘든 중에도 시간을 떼어 봉사의 일을 하는 것일 수 있다. 어떤 경우는 인생의 대전환을 가져오는 헌신의 결단일 수도 있으며, 또 다른 경우는 참된 예배 회복과 기도에의 헌신일 수 있다. 물론 어떤 분에게는 그것이 물질을 드리는 것을 의미할 수 있다. 필자는 그것이 무엇인지 알지 못하지만, 주께서는 다 아신다. 그리고 독자들께서도 적어도 작은 단서 정도는 갖고 계시지 않을까 짐작해 본다.

그러나 당신에게 '예물'이 무엇을 의미하든지, 당신 삶의 보배합을 열어 가장 귀한 선물을 주를 위해 드리는 이번 성탄의 계절이 되길 바란다. 당신에게 있어 가장 귀한 것은 무엇인가? 아마도 그것은 무엇과도 바꿀 수 없는 자기 자신이 아닐까? 이번 성탄이 그 무엇과도 바꿀 수 없는 당신이라는 유일한 가치를 주님께 내드리는 귀한 시간이 되길 바란다.

삶을 드리는 것은 큰 결단이 필요한 행위이다. 하지만 예수님은 나를 영원한 죽음에서 구원하기 위해 하늘의 영광을 버리고 이 땅에 내려오셨다. 그 분이 먼저 날 위해 자신의 삶을 바치셨다. 그러므로 우리도 기꺼이 날 위해 모든 것을 바치신 그분께 내 삶을 바칠 수 있다. 진정 주님의 사랑에 감격한다면, 나에게 무한한 사랑을 주신 예수님께 나의 삶을 드리는 것이 아깝지 않을 것이다.

나아가 그리스도께서 우리의 궁극적인 보배이심을 고백하는 이번 성탄이 되기 바란다(빌 3:7-9). 잘 알려진 찬송가 가사대로 '주 예수보다 더 귀한 것은 없습니다'라고 주저없이 인정하게 되길 바란다. 그리스도께서 우리의 참 보화이심을 깨닫게 될 때, 우리의 보배합을 스스로 꽉 붙든 채 내려놓지 못하는 병적 집착의 상태를 거뜬히 극복하게 되리라 믿는다. 그리스도께서 온 우주에서 가장 존귀하신 존재심을 충분히 인식할 때 우리 삶의 소중한 것들도 기꺼이 그분께 내어 맡기게 되리라 믿는다. 이번 성탄에 당신이 주께 드릴 예물은 무엇인가?

집에 들어가 아기와 그의 어머니 마리아가 함께 있는 것을 보고 엎드려 아기께 경배하고 보배합을 열어 황금과 유향과 몰약을 예물로 드리니라(마 2:11)

묵상과 적용을 위한 질문

이번 성탄에 당신이 그리스도께 드릴 '예물'은 무엇인가요? 오늘 예수 그리스도가 당신의 궁극적 보화인가요?

나만의 묵상 메모

오늘 묵상을 통해 주시는 은혜와 감동을 자유롭게 기록해 보세요.

저자와 함께 하는 한 줄 기도

내 삶의 보배들을 그리스도께 내어 드리게 하시고, 주님 제 참 보화이심을 깨닫게 하소서.

 기도와 결단

오늘 묵상한 말씀의 적용과 삶의 결단을 담아 자신의 기도를 적어 보세요.

 # 성탄의 중심

오늘의 본문

2:11 집¹에 들어가 아기와 그의 어머니 마리아가 함께 있는 것을 보고 엎드려 아기께 경배하고 보배합을 열어 황금과 유향과 몰약을 예물로 드리니라

2:12 그들은 꿈에 헤롯에게로 돌아가지 말라 지시하심을 받아 다른 길²로 고국에 돌아가니라

저자 해설 및 묵상

중학생인 아들과 함께 시간을 보내다 보니 근래 들어 몇몇 아이돌 그룹들에 대해 조금 알게 되었다. 그리고 아이돌 그룹에서 가장 중요한 존재는 바로 '센터'(center)라는 사실도 알게 되었다. 센터 위치에 서는 아이돌은 관중의 주의를 집중시키고 때로는 아예 관중을 압도하는 역할을 해 주어야 한다고들 한다.

마태는 동방박사들이 아기 예수가 계시던 곳에 이르러 안에 들어갔을 때 '아기와 그의 어머니 마리아가 함께 있는 것'을 보았다고 보도한다. 해당 헬라어 구문³을 영어로

직역하면, "They saw the child with Mary, his mother" 가 된다. 아마도 이 때 모친 마리아는 아기 예수를 돌보고 있었을 것이다. 아기 예수는 모친 마리아의 보호와 돌봄에 의존하고 있었다. 그런데 저자 마태는(위의 영어 직역에서 보이듯) 예수를 동방박사들이 주목한 주 대상으로 그리고 모친 마리아는 아기 예수의 동반자로 묘사한다.[4] 아울러 동방의 박사들이 엎드려 경배한 대상은 바로 아기 예수이며,[5] 동방박사들이 황금, 유향, 몰약을 선물로 바친 대상 역시 다름 아닌 아기 예수다(마 2:11). 동방박사들은 오직 예수를 위한 선물을 준비했다. 마태는 이런 다양한 묘사들을 통해 예수가 성탄의 중심임을 선명하게 보여준다.

현대 기독교의 맥락에서 '성탄' 하면 떠오르는 다양한 심상들과 분위기가 존재한다. 하지만 성탄과 연관된 다양한 심상들과 분위기 가운데, 성탄의 '센터'는 바로 예수 그리스도 한 분이심을 잊지 말아야 한다. 예수의 모친 마리아 그리고 그 남편인 '의로운 사람' 요셉마저도 성탄에서는 조연에 불과하다. 동방박사들도 조연이기는 마찬가지다.

앞에서 아이돌 그룹에서 '센터'가 얼마나 중요한지 언급했다. 자 그렇다면 이 시점에서 센터와 관련한 질문을 던지고 싶다. 성탄을 준비하는 이 시점, 예수 그리스도가 우리 삶의 센터이신가? 이 성탄의 계절에 우리의 관심은 예수 그리스도 그분을 향하고 있는가? 우리는 진정 예수 그리스도께 주목하고 있는가? 예수 그리스도가 우리의 시선을 압도하고 있는가? 우리는 솔직히 누구를 위한 성탄을 준비하고 있는가? 오늘 본문이 보여주듯, 참된 성탄의 회복은 그리스도 중심성의 회복을 뜻한다.

1. 누가복음 2:7에 따르면, 예수님은 출생 후 구유에 뉘어졌다. 동방박사들이 찾아온 시점은 출생 직후가 아니라 출생 후 어느 정도 시간이 흘렀을 시점이고 그 사이에 요셉과 예수의 모친 마리아는 머물 집을 찾았을 것이다.
2. 당시 동방의 박사들이 예루살렘을 거치지 않고 본국으로 가려면 주요도로를 사용하는 것을 포기하고 험로를 포함하는 불편한 여정을 감내해야 했을 것이다. 주님의 인도와 지시를 따르는 일이 늘 편한 길을 보장하지는 않는다.
3. 이 부분의 헬라어 구문은 다음과 같다. εἶδον τὸ παιδίον μετὰ Μαρίας τῆς μητρὸς αὐτοῦ(마 2:11).
4. 문법적으로, 아기(예수)가 '보았다'라는 동사의 직접목적어이고, 마리아는 동반을 의미하는 전치사구(prepositional phrase)의 일부이다.
5. 그런데 마태는 왜 '아기' 예수를 이렇게 강조할까? 마태복음에서 '아기'라 번역된 헬라어 단어 파이디온(παιδίον)은 작은 자가 큰 자가 되고 종된 자/섬기는 자가 큰 자가 되는 하나님나라의 가치와 세상 가치의 상호대조를 위한 마태의 의도적이고 기술적인 용어이다(마 18:2, 3, 4, 5; 19:13, 14).

집에 들어가 아기와 그의 어머니 마리아가

함께 있는 것을 보고 엎드려

아기께 경배하고 보배합을 열어

황금과 유향과 몰약을 예물로 드리니라

(마 2:11)

묵상과 적용을 위한 질문

당신의 보내고 있는 성탄의 중심은 무엇인가요? 이번 성탄을 준비하면서 당신의 시선은 누구에게 혹은 무엇에 주목하고 있나요? 성탄의 참 중심인 예수 그리스도께 우리가 제대로 주목하지 못하는 이유는 무엇인가요?

나만의 묵상 메모

오늘 묵상을 통해 주시는 은혜와 감동을 자유롭게 기록해 보세요.

저자와 함께하는 한 줄 기도

이 성탄의 계절에 그 중심이신 예수 그리스도께 주목하게 하소서.

기도와 결단

오늘 묵상한 말씀의 적용과 삶의 결단을 담아 자신의 기도를 적어 보세요.

더 깊은 묵상과 기도(III)

오늘의 본문

2:1 헤롯 왕 때에 예수께서 유대 베들레헴에서 나시매 동방으로부터 박사들이 예루살렘에 이르러 말하되

2:2 유대인의 왕으로 나신 이가 어디 계시냐 우리가 동방에서 그의 별을 보고 그에게 경배하러 왔노라 하니

2:3 헤롯 왕과 온 예루살렘이 듣고 소동한지라

2:4 왕이 모든 대제사장과 백성의 서기관들을 모아 그리스도가 어디서 나겠느냐 물으니

2:5 이르되 유대 베들레헴이오니 이는 선지자로 이렇게 기록된 바

2:6 또 유대 땅 베들레헴아 너는 유대 고을 중에서 가장 작지 아니하도다 네게서 한 다스리는 자가 나와서 내 백성 이스라엘의 목자가 되리라 하였음이니이다

2:7 이에 헤롯이 가만히 박사들을 불러 별이 나타난 때를 자세히 묻고

2:8 베들레헴으로 보내며 이르되 가서 아기에 대하여 자세히 알아보고 찾거든 내게 고하여 나도 가서 그에게 경배하게 하라

2:9 박사들이 왕의 말을 듣고 갈새 동방에서 보던 그 별이 문득 앞서 인도하여 가다가 아기 있는 곳 위에 머물러 서 있는지라

2:10 그들이 별을 보고 매우 크게 기뻐하고 기뻐하더라

2:11 집에 들어가 아기와 그의 어머니 마리아가 함께 있는 것을 보고 엎드려 아기께 경배하고 보배합을 열어 황금과 유향과 몰약을 예물로 드리니라

2:12 그들은 꿈에 헤롯에게로 돌아가지 말라 지시하심을 받아 다른 길로 고국에 돌아가니라

오늘은 지난 6일(Day 15 – Day 20)간 묵상했던 본문을 독자께서 직접 더 깊이 묵상하고 더 깊은 기도의 자리로 나아가는 날입니다. 먼저 마태복음 2:1-12 본문을 3회 이상 천천히 기도하는 마음으로 읽으시고 그 가운데 주님의 인도하심을 따라 더 깊이 있는 말씀묵상과 기도의 자리로 나아가시기 바랍니다. 다음의 질문들이 묵상과 기도에 도움이 되실 것입니다.

- 오늘 말씀 묵상을 통해 지난 6일간 묵상했던 내용들 중 특별히 더 주목하게 되는 부분은 무엇입니까? 지난 6일간 깨닫지 못했던 것을 새롭게 깨닫게 된 부분은 무엇입니까?

- 지난 6일간 깨달은 내용 중 실천한 것은 무엇입니까? 그렇게 실천하는 과정에서 무엇을 새롭게 경험했습니까?

- 실천하는 과정에서 어려웠던 것은 또 무엇입니까? 지난 6일간 깨달은 내용 중 제대로 실천하지 못했거나 잊어버렸던 것은 무엇입니까?

- 지난 6일간 깨달은 것과 실천할 수 있었던 것에 대해 주님께 감사의 기도와 찬양을 드리시기 바랍니다. 아직 실천하지 않고 있거나 실천함에 있어 어려움이 있는 것들에 대해 주님께서 힘을 주셔서 실천할 수 있게 해 달라고 간구하세요.

- 그 외의 묵상 내용과 기도를 자유롭게 적어보세요.

더 깊은 묵상

더 깊은 기도

---------------- 더 생각해 보기(마 2:1-12) ----------------

  마태의 최초 독자를 포함한 1세기 유대인들은 예배를 '성경적유일신사상'(biblical monotheism)의 핵심으로 이해했다. '유일신론자'는 오직 여호와만 섬기는 자였다. 구약성경에 근거하여 봐도, 여호와를 섬기면서 다른 이방신/우상을 같이 섬기는 자는 조금 부족한 주의 백성이 아니라 우상숭배자로 분류된다.
  마태 역시 예배의 문제와 관련하여 이와 같은 유대교 유일신론(Jewish monotheism)의 입장을 견지한다. 마태복음 4:8-10은 이를 생생히 증거한다.
  아울러 우리는 저자 마태가 예수 그리스도를 예배 받기 합당하신 분으로 제시하고 있음에 주목해야 한다(예: 마 28:9, 16-17). '엎드려 절하다'는 뜻을 지닌 헬라어 동사 프로스쿠네오(προσκυνέω)은 상급자에 대한 존경, 신뢰, 복종을 뜻하는 맥락(계 3:9)에서 사용될 수도 있고, 또 신적 존재에 대한 예배의 맥락(계 19:10)에서도 사용될 수 있는 유연성있는 동사다. 마태는 그의 복음서에서 이 동사를 열 번 넘게 사용하고 있다. 하지만 마태복음 내에서 이 동사는 오직 하나님 아버지와 예수 그리스도를 향한 행동에 대해서만 사용된다.
  마태는 유연성 있는 헬라어 동사 프로스쿠네오(προσκυνέω)를 하나님 아버지와 예수 그리스도에 대한 행동과 관련해서만 사용하는데, 이러한 엄격함은 마태복음 내에서 예수 그리스도께 절하는 행동이 예배의 의미를 지니고 있음을 암시한다. 동방의 박사들이 예수님 앞에 엎드린 사건(마 2:1-12)을 기록한 마태는 예수님을 예배 받기 합당한 분으로 제시하고 있다(마 28:9, 16-17).
  위에서 유대교 유일신론은 오직 하나님 한 분만 예배 받기에 합당한 존재로 여겼음을 언급했다. 유대인이었던 저자 마태와 다른 최초의 유대계 그리스도인들이 예수님을 예배했다는 사실은 그들이 그리스도를 하나님과 하나이신 분으로 이해했음을 보여준다(막 12:28-37; 고전 8:4, 6 참조). 그렇다! 하나님과 하나이신 주 예수 그리스도는 예배를 받으시기에 합당하시다(계 5장)! 아멘!

"내가 네게 이르기까지"

오늘의 본문

2:13 그들이 떠난 후에 주의 사자가 요셉에게 현몽하여 이르되 헤롯이 아기를 찾아 죽이려 하니 일어나 아기와 그의 어머니를 데리고 애굽으로 피하여 내가 네게 이르기까지 거기 있으라 하시니

2:14 요셉이 일어나서 밤에 아기와 그의 어머니를 데리고 애굽으로 떠나가

2:15 헤롯이 죽기까지 거기 있었으니 이는 주께서 선지자를 통하여 말씀하신 바 애굽으로부터 내 아들을 불렀다 함을 이루려 하심이라

저자 해설 및 묵상

동방에서 온 박사들은 꿈에 헤롯에게 돌아가지 말도록 지시하심을 받고 다른 루트를 통해서 자신들의 본토로 돌아간다. 꿈을 통해 요셉에게 말씀하셨던 하나님께서 이방인인 동방 박사들에게도 꿈을 통해 말씀하신 것(마 2:12)[1]은 하나님이 유대인의 하나님이실뿐만 아니라 이방인의 하나님이심을 확인해 준다(롬 3:29-30). 유대인에게나 이방인에게나 하나님은 오직 한 분 이시다(롬 3:30; 신 6:4).

동방박사들이 떠난 후 주의 사자(천사)가 꿈 가운데 요셉에게 나타난다.² 천사는 요셉에게 헤롯의 음모에 대해 알려주며 아기와 그 모친을 애굽으로 빨리 대피시키라 명한다. 요셉은 이 명령에 즉각적으로 순종한다. 꿈에서 깬 요셉은 아직 한밤중임에도 아기와 그 모친을 데리고 곧바로 애굽으로 도피한다. 그리고 헤롯이 죽을 때까지 거기에 머문다.

우리는 여기서 특별히 "내가 네게 이르기까지 거기 있으라"는 천사의 지시에 주목할 필요가 있다. 이 명령을 전달한 천사는 '주의 사자'다(마 2:13). 그러므로 이 명령은 바로 하나님의 명령이다. 하나님이 요셉에게 내리신 명령은 가족과 함께 애굽으로 즉시 피신하라는 내용이다.

아기 예수의 생명을 보전하기 위해 주어진 하나님의 특별 명령이긴 했지만, 그리고 당시에 애굽(특히 당시 대도시였던 알렉산드리아)에 상당한 규모의 유대인 공동체가 있긴 했지만, 약속의 땅을 떠나 선조들이 노예 살이를 했던 애굽 땅에 가서 머무는 일이 요셉에게 늘 유쾌하지만은 않았을 것이다. 어쩌면 그랬기에 주의 천사가 요셉에게 "내가 네게 이르기까지 거기 있으라"(마 2:13)고 못을 박았을 수도 있다.

하나님의 명령을 따르는 일이 인간적 관점에서 늘 유쾌하지만은 않을 때도 있다. 그 가운데 "내가 언제까지 이곳에 있어야 하지?"라고 자문하기도 하고 혹은 좀 더 경건하게 "하나님, 제가 언제까지 여기 있어야 합니까?"라고 기도하기도 한다. 그런데 그에 대한 답이 오늘 본문 안에 들어있지 않나 싶다. 필자의 견해로, "내가 네게 이르기까지"가 바로 그에 대한 답이다. 하나님께서 다른 곳으로 인도해 주실 때까지는(마 2:19-20 참조) 지금 있는 곳에 머물면서 거기서 주님의 뜻을 따르고자 최선을 다하는 것이 인생의 정답이요, 신앙생활의 비결이며, 사역의 정석이다(물론 이것은 인간적인 관점에서의 가정이지만). 요셉이 일단 헤롯를 피해 애굽으로 갔다가 그곳의 피난살이가 고달프고, 고향이 그립다고 하나님이 천사를 통해 다시 말씀을 주시기 전에 자기 임의로 가족과 함께 이스라엘로 돌아오려 했다고 생각해 보라(마 2:20 비교). 그랬다면 "내가 네게 이르기까지"라는 말씀을 무시한 결과, 요셉은 가족을 곤경에 빠뜨리게 되었을 것이다.

지금 있는 그곳이 때로는 애굽처럼 느껴질 수도 있고 때로는 바벨론처럼(마 1:11-12 참조) 느껴질 수도 있다. 그러나 그 가운데 주님의 뜻을 따르고 맡겨진 일들을 충성스레 감당하는 것이 오늘 당신을 향한 주님의 뜻이다. 우리는 "제가 언제까지 여기 있어야 합니까?"라고 기도하기에 앞서, "주께서 제게 다른 명령 주시기 전까지는 여기서 최선을 다해 주님 따르게 하소서"라고 기도해야 한다. 때가 되면, 그리고 정말 필요하다면, 주님께서 다른 곳으로 인도해 주실 것이다. 그러나 그때까진 지금 여기서(here and now) 최선을 다하는 것이 성도의 본분이다.

1. 앞서 별을 통해 이방인인 동방박사들을 베들레헴으로 인도하신 것(2:2, 9-10) 역시 하나님이 유대인의 하나님이실 뿐 아니라 이방인의 하나님이시기도 함을 드러내 준다(롬 3:29-30).
2. 마태복음 2:13의 '현몽하여'는 헬라어로는 세 단어(φαίνεται κατ' ὄναρ)다. 이 중 첫 단어인 φαίνεται는 현재시제 동사로서 '나타나다'라는 뜻을 갖는데, 과거시제 동사가 일반적으로 사용될 이 시점에서 사용된 현재형 동사 φαίνεται는 생동감과 긴박감을 전해 준다. 헤롯의 영아 학살이 임박했고(인간의 관점에서 보면) 왕으로 나신 아기의 생명을 지키기 위해 시간을 다투는 즉각적 행동이 절실한 상황이었다. 요셉은 한밤 중에 마리아와 아기 예수를 데리고 애굽으로 피신함으로써 천사의 지시에 즉각 순종했다(마 2:14). 현재형 동사 φαίνεται는 마태복음 2:19에서 다시 한 번 사용되는데, 피신생활을 하는 요셉과 그 가족에게 이스라엘로 돌아가도록 명하기 위해 천사가 다시 나타나는 장면이다. 요셉이 아기 예수와 마리아를 데리고 이스라엘을 떠나는 장면과 다시 이스라엘로 돌아오는 장면과 관련해서 같은 현재형 동사가 짝을 이뤄 사용된 점은 주목할 만하다.

묵상과 적용을 위한 질문

당신이 지금 처한 삶과 섬김의 자리에 대해 어떻게 느끼시나요? 그곳을 빨리 뜨고 싶더라도 주님께서 말씀하실 때까지는 그곳에서 충성되게 자리를 지키고 신실하게 섬기고자 하시는지요? 지금 있는 곳이 너무 좋더라도 주께서 말씀하시면 떠날 각오가 되어 있는지요?

나만의 묵상 메모

오늘 묵상을 통해 주시는 은혜와 감동을 자유롭게 기록해 보세요.

저자와 함께 하는 한 줄 기도

처한 곳에서 최선을 다하게 하시고, 머물든지 움직이든지 늘 주의 인도하심을 따라가게 하소서.

기도와 결단

오늘 묵상한 말씀의 적용과 삶의 결단을 담아 자신의 기도를 적어 보세요.

이스라엘, 참 이스라엘, 그리고 동일시(Identification)

오늘의 본문

2:13 그들이 떠난 후에 주의 사자가 요셉에게 현몽하여 이르되 헤롯이 아기를 찾아 죽이려 하니 일어나 아기와 그의 어머니를 데리고 애굽으로 피하여 내가 네게 이르기까지 거기 있으라 하시니

2:14 요셉이 일어나서 밤에 아기와 그의 어머니를 데리고 애굽으로 떠나가

2:15 헤롯이 죽기까지 거기 있었으니 이는 주께서 선지자[1]를 통하여 말씀하신 바 애굽으로부터 내 아들을 불렀다 함을 이루려 하심이라

저자 해설 및 묵상

저자 마태가 마태복음 2:15에서 언급한 "애굽으로부터 내 아들을 불렀다"는 말씀은 호세아 11:1의 인용이다. 호세아서 내에서의 문맥을 살펴볼 때, 이 말씀 자체가 미래의 사건에 대해 직접 선포하는 성격의 예언(predictive prophecy)은 아니지만, 성령의 영감을 받은 저자 마태는 이 구절이 말한 바가 궁극적으로 예수 그리스도 안에서 성취된다는 성취공식을 사용한다. "이는 주께서 선지자를 통하여 말씀하신 바 애굽으로부터 내 아들을 불렀다 함을 이루려 하심이라"(마 2:15).

호세아서 11:1("이스라엘이 어렸을 때에 내가 사랑하여 내 아들을 애굽에서 불러냈거늘")은 하나님께서 모세를 통해 출애굽의 역사를 이루신 사건을 가리킨다. 유아기 국가였던 이스라엘이 애굽에 내려갔다가 하나님의 인도하심을 따라 애굽을 탈출했던 것처럼, 아기 예수는 애굽에 내려가셨다가 하나님의 인도하심을 통해 애굽으로부터 나오신다(마 2:13-21). 이렇게 이스라엘의 역사가 참 이스라엘이신 예수 그리스도를 통해 재연된다.[2] 앞서 예수 그리스도가 구약을 성취하시고 완성하시는 메시아이심을 마태가 특별히 강조하고 있다고 언급했다. 같은 맥락에서 오늘 본문(마 2:13-15)은 이스라엘의 역사가 참 이스라엘이신 그리스도에게서 절정, 완성, 성취에 이른다는 사실을 보여준다.[3]

이스라엘에게 적용되는 구약의 말씀이 신약에서 예수 그리스도에게 적용된다는 말이 현대인들에게는 꽤 생소하게 들린다. 하지만 공동체적 정체성(corporate identity)에 우리보다 훨씬 더 친숙했던 마태와 그의 최초 독자들에게는 그것이 그리 생소하지 않았을 것이다.

예수님은 그런 개념에 아주 친숙하셨던 것 같다. 예수님은 철두철미하게 자신이 하나님의 백성을 대표한다고 생각하셨다. 그렇기에 자신을 하나님의 백성 이스라엘과 거듭 동일시하셨다. 공생애기간동안 예수님은 죄인과 세리와 자신을 동일시하심으로 그들의 친구가 되어 주셨다.

오죽하면, '죄인과 세리의 친구'라는 조롱 섞인 별칭이 예수님을 따라다녔다. 누가복음 15장의 '탕자의 비유'도 주님이 죄인과 세리의 친구로 지내시는 것을 못마땅하게 여겨 불평하는 종교지도자들을 향해 주신 비유였다(눅 15:1-2 참조). 누가의 기록에 따르면, 예루살렘 입성 직전에도 주님은 삭개오라는 여리고의 세리장과 시간을 보내신다. 물론 예수님이 죄인들과 자신을 동일시하시는 것의 극치는 십자가의 대속 사건이다(마 20:28; 26:28; 27:32-56). 사실 주님께서 그렇게 자신을 우리와 동일시해 주셨기에 우리에게 소망이 있는 것이다!

개인주의와 이기주의에 깊이 쩔어있는 우리에게 그리스도께서 자신을 하나님의 백성 이스라엘과 동일시하셨음에 대한 위와 같은 관찰은 적잖은 파장을 던져준다. 우리로 하여금 주님이 베푸신 동일시의 은혜, 대속의 은혜에 대해 생각하게끔 만든다. 동시에 우리가 얼마나 이기적이고 개인주의적인지를 돌아보게 한다. 주님처럼 주변 사람들과 자신을 동일시하기보다는, 바리새인들처럼 주변 사람들로 인해 우리의 인생 이력서에 흠이 생길까 염려하는 일에 우리들은 더 익숙한 듯하다.

우리는 예수님처럼 다른 사람의 죄를 대신 속할 수 없다. 우리가 십자가에 거꾸로 매달려 순교한다 하더라도 우리 자신의 죄조차 씻지 못한다. 죄사함은 그리스도께서 하실 수 있는 일이며, 이미 이루셨다!(마 20:28; 26:28)

하지만 우리가 할 수 있는 일도 있다. 바로 이제라도 공동체적 안목을 회복하고 동일시의 비전을 회복하는 일이다. 이기주의의 굴레와 개인주의적 집착을 뒤로하고, 하나님 백성의 슬픔과 고민과 도전을 과감히 내 것으로 받아들이기 시작하는 것이다. 또한 그들의 기쁨과 환희를 내 것으로 여겨 함께 축제하기 시작하는 것이다. 아마도 이보다 더 고상하고, 멋진 일들이 있겠지만, 이렇게 소소한 것부터 시작하는 것이다. 성탄을 앞둔 이 시간에 공동체적 안목과 동일시의 비전이 회복되는 역사가 우리에게 있길 간절히 바라고 기도한다.

---

1. 호세아를 가리킨다. 이어지는 인용구는 호세아 11:1의 인용이다.
2. 신학적으로는, 이를 모형론적(typological) 이해/해석이라고 말할 수 있다. 모형론적 이해/해석은 하나님이 변함이 없으신 분이시고 그렇기에 과거에 그분이 일하셨던 방식대로 후대에도 다시 일하신다는 전제를 갖고 있다.
3. 이를 보여주고 입증하는 본문들이 마태복음에 여럿 있다. 한 가지만 더 예를 들자면, 마태복음 4장이다. 이스라엘은 광야에서 시험에 빠져 하나님께 불평하고 불순종했지만, 참 이스라엘인 예수 그리스도는 모든 시험을 이기고 하나님께 순종하셨다!

묵상과 적용을 위한 질문

당신은 최근에 누구와 자신을 동일시하고 있나요? 예수님은 어떻게 자신을 죄인들과 동일시하셨나요? '공동체적 안목'과 동일시(identification)란 무엇을 말하나요?

 나만의 묵상 메모

오늘 묵상을 통해 주시는 은혜와 감동을 자유롭게 기록해 보세요.

저자와 함께하는 한 줄 기도

주님이 친히 보여주는 본을 따라, 동일시의 비전을 회복해 가는 이번 성탄 되게 하소서.

기도와 결단

오늘 묵상한 말씀의 적용과 삶의 결단을 담아 자신의 기도를 적어 보세요.

슬픔과 통곡, 그리고
그 가운데 솟아나는 소망

오늘의 본문

2:16 이에 헤롯이 박사들에게 속은 줄 알고 심히 노하여 사람을 보내어 베들레헴과 그 모든 지경 안에 있는 사내아이를 박사들에게 자세히 알아본 그 때를 기준하여 두 살부터 그 아래로 다 죽이니

2:17 이에 선지자 예레미야를 통하여 말씀하신 바

2:18 라마에서 슬퍼하며 크게 통곡하는 소리가 들리니 라헬이 그 자식을 위하여 애곡하는 것이라 그가 자식이 없으므로 위로 받기를 거절하였도다 함이 이루어졌느니라

저자 해설 및 묵상

동방 박사들이 자신의 요청에 따르지 않고 다른 경로로 귀국한 것을 알게 된 헤롯은 격노했다. 그리고는 왕으로 난 아기를 제거하기 위해 베들레헴에 있는 두 살 이하의 모든 남자아이들을 학살한다. 앞서 동방박사들과 나눈 대화에 근거해서 베들레헴에 있는 두 살 아래의 사내아이들을 다 죽이면 왕으로 난 그 아기가 그 중에 분명히 들어가리라고 확신했던 것 같다. 헤롯(BC 74 ~ BC4)은 정적뿐 아니라 자신의 아내와 아들들, 처가 식구들마저 처형했던 잔혹한 인물이었다. 그렇게 잔혹한 헤롯에게

'왕으로 난 그 아기'를 제거할 수 있다면 몇십 명 더 죽이는 정도는 문제가 아니었던 듯하다.

헤롯의 영아 학살에 대해 보도하면서, 마태는 예레미야31:15를 인용한다. 여기서 예레미야가 애초에 언급하고 마태가 인용한 '라헬의 통곡'은 상징적인 의미로 이해되어야 한다. 라헬은 레아와 함께 이스라엘 열두 지파의 어머니였다(룻 4:11 참조). 선지자 예레미야는 '라헬'을 자식들이 바벨론 포로로 끌려가는 것을 보고 슬퍼하고 신음하는 이스라엘의 모든 어머니들의 대표자로 제시했다. 그리고 마태는(예레미야와 같은 방식으로) '라헬'을 헤롯에 의해 어린 아들이 살해된 후 주체할 수 없는 슬픔 가운데 통곡하는 어머니들의 대표자로 제시한다. 여기서 저자 마태는 헤롯에 의한 베들레헴의 영아 학살과 바벨론에 포로로 끌려가는 청년들에 대한 예레미야의 예언을 서로 연결시키는데(마 2:18), 이러한 연결은 영적인 뜻에서 바벨론 포로기(혹은 그 어두운 영향력)이 아직 다 종료되지 않았음을 암시한다.

아울러 예레미야가 '라헬의 통곡'에 대해 말하는 구절(렘 31:15)은 선지자가 새 언약과 회복의 소망을 노래하는 맥락에 위치하고 있다는 사실에 주목할 필요가 있다. 예레미야 31장은 사실 심판이나 재앙이 아니라 회복에 대해 노래하는 부분이다.

예레미야 31장의 원래 맥락을 고려해 볼 때, 저자 마태는 라헬의 통곡을 언급한 예레미야 31:15을 직접 인용하면서, 간접적으로는 예레미야 선지자가 예견했던 새 언약의 시대, 회복의 약속이 실현되는 그 시대가 예수 그리스도를 통해 도래했음을 암시한다! 마태는 차마 말로 할 수 없는 처절한 슬픔과 멈추지 않는 통곡의 상황 가운데도 예수님으로 인해 여전히 소망이 남아있음을 은은하지만 용기있게 전한다.

그러나 마태가 말하는 이 소망은 결코 아무 대가 없는 소망이 아니었다. 베들레헴의 어머니들이 학살된 어린 아들들을 마음에 묻고 살기 시작한 때부터 약 30여 년이 흘러 골고다 언덕에서는 그때 살아남았던 바로 그 아기가 십자가에 달려 피를 흘리며 살이 찢어지는 고통을 참아내고 있었다. 흠도 없고, 점도 없는 예수님이 이스라엘의 죄, 패역한 인류의 모든 죄를 대신 짊어지고 나무 형틀에 달려 죽어가실 그때, 그분은 캄캄한 하늘을 향하여 "나의 하나님 나의 하나님 어찌하여 나를 버리셨나이까?"라고 외치셨다(마 27:46; 시 22:1). 그때 하늘 아버지의 마음은 어떠셨을까? 우리가 어떻게 그 마음을 어찌다 헤아릴 수 있을까? 하지만 그 죽음은 처절한 슬픔과 통곡 가운데도 예수 그리스도로 인해 여전히 소망이 있음을 확인해 주는 사건이었다.

그 소망은 그로부터 삼 일째 되는 날 확증되었다(마 28장). 그리고 그 소망은 역사가 종말을 맞이하는 그때 우주 가운데 온전하게 실현될 것이다(고전 15장).

묵상과 적용을 위한 질문

슬픔과 통곡의 시간에도 회복의 소망을 노래한다는 것은 무슨 뜻일까요? 조금 더 구체적으로, 슬픔과 고통을 가져오는 현재의 상황을 부인하지 않으면서도 그리스도로 그분으로 인한 소망으로 인해 다시 일어난다는 말은 실존적으로 무슨 뜻인가요?

나만의 묵상 메모

오늘 묵상을 통해 주시는 은혜와 감동을 자유롭게 기록해 보세요.

저자와 함께 하는 한 줄 기도

슬픔과 고통의 시간 가운데서도 주님으로 인해 회복의 소망을 노래할 수 있음에 감사드립니다.

기도와 결단

오늘 묵상한 말씀의 적용과 삶의 결단을 담아 자신의 기도를 적어 보세요.

나사렛 사람 예수

오늘의 본문

2:13 그들이 떠난 후에 주의 사자가 요셉에게 현몽하여 이르되 헤롯이 아기를 찾아 죽이려 하니 일어나 아기와 그의 어머니를 데리고 애굽으로 피하여 내가 네게 이르기까지 거기 있으라 하시니

2:14 요셉이 일어나서 밤에 아기와 그의 어머니를 데리고 애굽으로 떠나가

2:15 헤롯이 죽기까지 거기 있었으니 이는 주께서 선지자를 통하여 말씀하신 바 애굽으로부터 내 아들을 불렀다 함을 이루려 하심이라

2:16 이에 헤롯이 박사들에게 속은 줄 알고 심히 노하여 사람을 보내어 베들레헴과 그 모든 지경 안에 있는 사내아이를 박사들에게 자세히 알아본 그 때를 기준하여 두 살부터 그 아래로 다 죽이니

2:17 이에 선지자 예레미야를 통하여 말씀하신 바

2:18 라마에서 슬퍼하며 크게 통곡하는 소리가 들리니 라헬이 그 자식을 위하여 애곡하는 것이라 그가 자식이 없으므로 위로 받기를 거절하였도다 함이 이루어졌느니라

2:19 헤롯이 죽은 후에 주의 사자가 애굽에서 요셉에게 현몽하여 이르되

2:20 일어나 아기와 그의 어머니를 데리고 이스라엘 땅으로 가라 아기의 목숨을 찾던 자들이 죽었느니라 하시니

2:21 요셉이 일어나 아기와 그의 어머니를 데리고 이스라엘 땅으로 들어가니라
2:22 그러나 아켈라오[1]가 그의 아버지 헤롯을 이어 유대의 임금 됨을 듣고 거기로 가기를 무서워하더니 꿈에 지시하심을 받아 갈릴리 지방으로 떠나가
2:23 나사렛[2]이란 동네에 가서 사니[3] 이는 선지자로 하신 말씀에 나사렛 사람이라 칭하리라 하심을 이루려 함이러라

저자 해설 및 묵상

헤롯의 영아 학살을 피해 애굽으로 피했던 요셉과 그 가족은 헤롯의 죽음 후에 주의 사자(천사)의 지시에 따라 다시 이스라엘 땅으로 돌아온다. 당시 유대지역은 포악한 아켈라오가 통치하고 있었다. 그로 인해 요셉은 큰 심적 부담이 있었다. 주의 사자는 꿈을 통해 요셉의 가족을 갈릴리의 나사렛으로 인도하여 그곳에 정착하게 한다(마 2:13-23).

마태는 예수님과 그 가족이 나사렛에 정착하게 된 것이 구약성경의 성취라고 보도한다(마 2:23). 헬라어 원문을 보면 마태는 복수형('선지자들')을 사용하여 '선지자들(prophets)로 하신 말씀'이라고 기록한다. 저자 마태는 여러 선지자들이 말했던 구약성경의 한 주제에 대해 언급하고 있다.

그 주제에 대한 몇가지 학설 중 필자가 가장 타당하

게 생각하는 것은 다음과 같다. 마태가 언급한 메시아가 '나사렛 사람으로 불린다'는 예언은 그리스도께서 동시대 사람들에게 멸시당하고 배척당할 것에 대한 언급(사 53:2-3[4])이다. 저자 마태는 예수님의 탄생에 대한 기사를 마무리하면서(마 2:23), 그리스도께서 멸시와 배척을 당하시고, 십자가에 죽으실 것을 암시한다(사 53:2-4).

우리는 '나사렛 예수'라는 호칭에 너무 익숙해져 있으며 '나사렛'이란 단어를 매우 긍정적으로 생각한다. 하지만 1세기 팔레스타인에서는 '나사렛'에 대한 인식이 그와 정반대였다.

나사렛에 대한 당대의 부정적 평가에도 불구하고, 예수님이 나사렛 사람으로 사시고 멸시와 조롱과 배척을 경험하신 것은 구약의 성취며(마 2:23), 하나님의 인도하심의 결과였다(마 2:22).

우리 사회는 겉치장, 명성, 인기에 중독되어 있다. 아쉽게도 그리스도인이라고 크게 다르지 않은 듯하다. 아마 교회에서 자신이 '나사렛' 출신, 혹은 나사렛으로 인도하심을 받았다고 간증할 사람은 없을 것이다. 하지만 기억하자! 우리 주님은(예루살렘 사람이 아니라) 나사렛 사람으로 사셨다. 그가 나사렛 사람으로 사신 것은 하나님의 인도하심이었고 구약의 성취였다(마 2:22, 23).

주님께서 나사렛사람으로 사셨다는 사실에 대해 우리가 만일 진지하게 묵상한다면, 겉치장, 명성, 인기에 중독

되어 있는 우리 사회와 공동체, 그리고 우리 자신을 위한 처방약을 발견하게 될 것이다. 주님이 '나사렛 사람'이셨으며, 가장 낮은 골고다까지 가신 사실(빌 2:8)은 성탄 묵상의 피날레에서 그의 제자인 우리들이 과연 무엇을 지향하며 살아야 할지에 대한 의미심장한 메시지를 던져준다.

> 나사렛이란 동네에 가서 사니 이는 선지자로 하신 말씀에 나사렛 사람이라 칭하리라 하심을 이루려 함이러라 (마2:23)

---

1. 헤롯이 통치하던 영역은 그의 아들들 중 세 명(아켈라오, 헤롯 안티파스, 헤롯 빌립)이 나누어 통치했다. 아켈라오는 유대와 사마리아를, 헤롯 안티파스는 갈릴리와 베레아를, 헤롯 빌립은 그 외의 지역을 다스렸다. 이 중 아켈라오는 그의 통치 시작기에 3천명을 학살할 정도로 눈에 두드러진 포악함을 지닌 인물이었다. 그는 결국 로마에 의해 축출당한다.
2. 나사렛은 당시 인구 오백명 이하의 작은 마을이었고 유대인들 사이에서 결코 중요하게 여겨지지 않는 장소였다.
3. 누가복음 1:26에 따르면, 요셉과 마리아는 이미 전에 나사렛에 살았다.
4. 이사야 53:2-3은 다음과 같다.
   "그는 주 앞에서 자라나기를 연한 순 같고 마른 땅에서 나온 뿌리 같아서 고운 모양도 없고 풍채도 없은즉 우리가 보기에 흠모할 만한 아름다운 것이 없도다 그는 멸시를 받아 사람들에게 버림 받았으며 간고를 많이 겪었으며 질고를 아는 자라 마치 사람들이 그에게서 얼굴을 가리는 것 같이 멸시를 당하였고 우리도 그를 귀히 여기지 아니하였도다"(사53:2-3).

묵상과 적용을 위한 질문

당신에게 '나사렛' 예수를 따른다는 것은 과연 어떤 의미입니까?

나만의 묵상 메모

오늘 묵상을 통해 주시는 은혜와 감동을 자유롭게 기록해 보세요.

저자와 함께하는 한 줄 기도

'나사렛 사람'이셨던 주님 본받아 하나님나라를 위해 낮아지는 것이 체질되게 하소서.

 기도와 결단

오늘 묵상한 말씀의 적용과 삶의 결단을 담아 자신의 기도를 적어 보세요.

맺으면서

지난 25일간의 묵상여정을 이제 마치게 된다. 이제 성탄 묵상 여정은 마치지만 그리스도의 나심을 축하하는 일은 결코 성탄절로 마무리되지 않는다. 오히려 성탄절부터 주의 나심을 축하하는 일이 새롭게 시작된다!

동방의 박사들은 먼 길을 여행하여 왕으로 나신 그리스도께 경배를 드렸다. 지난 25일간(12.1~12.25)의 성탄 묵상의 여정을 마치는 이 시점에 우리 역시 주님께 경배드리기 원한다. 우리를 위해 친히 인간이 되시고, 낮은 자로 사셨으며, 우리 대신 십자가를 짊어지사 영원한 생명에 이르는 길을 주신 그리스도, 부활하사 지금도 살아계시며 세상 끝날까지 우리와 함께 하시는 그리스도, 역사의 주관자시고 우주의 통치자시며 다시 오실 영원하신 왕이신 그분을 찬양하고 경배하는 것이야 말로 25일간의 성탄묵상 여정을 맺는 가장 적절하고 합당한 방법일 것이다.

참 반가운 성도여 다 이리와서 베들레헴성 안에 가 봅시다
저 구유에 누이신 아기를 보고
엎드려 절하세 엎드려 절하세 엎드려 절하세 구주 나셨네

저 천사여 찬송을 높이 불러서 이 광활한 천지에 울리어라
주 하나님 앞에 늘 영광을 돌려
엎드려 절하세 엎드려 절하세 엎드려 절하세 구주 나셨네

이 세상에 주께서 탄생할 때에 참 신과 참 사람이 되시려고
저 동정녀 몸에서 나시었으니
엎드려 절하세 엎드려 절하세 엎드려 절하세 구주 나셨네

여호와의 말씀이 육신을 입어 날 구원할 구주가 되셨도다
늘 감사한 찬송을 주 앞에 드려
엎드려 절하세 엎드려 절하세 엎드려 절하세 구주 나셨네
(찬송가 122장)

오직 하나님께 영광을!(Soli Deo Gloria)

부록 송구영신 묵상 1 & 2

송구영신 묵상1

기적보다 더 큰 기적

육지에 올라보니 숯불이 있는데 그 위에 생선이 놓였고 떡도 있더라
예수께서 가라사대 지금 잡은 생선을 좀 가져오라 하신대 시몬 베드로가
올라가서 그물을 육지에 끌어 올리니 가득히 찬 큰 고기가 일백 쉰 세 마리라
이같이 많으나 그물이 찢어지지 아니하였더라(요 21:9-11)

    예수님은 부활 이후에도 제자들을 거듭 찾아주시는 은혜의 주님이시다. 부활하신 그리스도를 이미 두 번 대면한 베드로와 동료들(요 20장)은 함께 철야 고기잡이 작업에 나선다. 그러나 헛수고의 경험만 남는 듯했다. 밤새 허탕만 쳤으니 말이다. 고된 작업을 통해 얻은 것은 빈 그물과 허탈한 마음뿐이었다. 마치 어디로 피해야 할지 미리 아는 것처럼 그곳의 물고기가 다 사라져 버렸다. 밤샘 작업을 한 후 찾아오는 피로에다, 물고기도 한 마리 잡지 못한 허탈감에 제자들의 고단함은 극에 달했다.
    하지만 이미 디베랴 바닷가의 제자들 곁에 와 계셨던 예수님은 제자들에게 기적적 포획의 은혜를 베풀어 주신다. '예수의 사랑하시는 그 제자' 요한은 그제야 바닷가에 서서 배 오른편으로 그물을 던지라 명하신

이하의 내용은 이장렬, 『네가 나를 사랑하느냐』(요단출판사, 2017), 제5장의 내용을 일부 개정한 것입니다. 요단출판사의 동의를 얻어 사용합니다.

분이 주님인 줄 깨닫고 이 사실을 베드로에게 일러준다(요 21:7). 열정과 특심이 남다른 베드로는 예수님을 빨리 뵙고 싶은 맘에 서둘러 겉옷을 두른 후, 동료들과 포획한 물고기들을 모두 뒤로 한 채 물속으로 몸을 던진다.

물으로 올라온 제자들은 주님이 아침 식사를 위해 미리 피워 놓은 숯불을 발견하고 감격했을 것이다. 부활하신 주님께서 친히 찾아와 주셨을뿐 아니라 직접 조반을 준비해 놓으셨다. 이날 아침 메뉴는 생선과 떡이다. 조금 전까지 밤새 아무것도 잡지 못한 공허함과 허탈감에 짓눌려 있었는데, 이제는 정말 잔치다!

주님께서 이미 생선과 떡을 준비해 놓으신데다가(요 21:9) 이제 막 기적적으로 포획한 큰 생선들을 가져오라고 하신다(요 21:10). 그 말씀을 듣고 이번에도 베드로가 선수를 친다. 고기 잡는 일에도 앞장섰고, 주님을 알아본 후 단 1초라도 빨리 뵈려고 물속에 바로 몸을 던진 그 베드로 말이다. 베드로는 큰 물고기들로 가득한 그물을 뭍으로 옮긴다. 그리고는 너무 신기했는지 한 마리씩 세어본다. "하나, 둘, 셋, … 열, 스물, 서른…, 백, … 헉!" 모두 큰놈들로만 153마리나 잡혔다. 아니, 어떻게 이런 일이 있을 수 있을까? 밤새 작은놈 하나 없었는데, 주님 말씀 따라 그물을 던졌더니 153마리가 그것도 큰놈들로만 한 번에 걸려들었다!

정말 주님 없이 제자들은 아무것도 할 수 없다(요 15:5). 그러나 주님과 함께하면 그리고 그분 말씀대로 하면, 수확하는 삶, 결실하는 사역을 경험한다. 물론 주님을 따름으로 인해 어려움과 핍박도 많이 겪는다. 그러나 때가 이르면 반드시 거둘 것이다(막 10:30; 딤후 3:12; 갈 6:9 참조).

그런데 사실 기적적 포획보다 더 놀라운 기적이 있다. 바로 큰 물고기들이 그렇게 많이 걸려들었는데도 그물이 조금도 손상되지 않았다는 사실이다! 당시의 그물은 일반적으로 목화의 일종인 아마(亞麻)나 대마(大麻)로 만들어졌다. 그렇기에 쉽게 찢어졌고 자주 수선해야만 했다. 제4복음서의 저자인 요한도 그물을 수선하던 중 주님의 부르심을 받지 않았던가?(막 1:19 참조)

그런데 원래 잘 찢어지는 편인 목화 재질의 변변치 않은 그물이 어떻게 큰 물고기 153마리를 견뎠을까? 아무리 봐도 주님의 특별한 보호하심에 대한 진한 암시가 느껴진다(요 21:18-19 참조). 작은 물고기 한 마리도 없던 디베랴 바다에서 큰 물고기 153마리가 단숨에 포획된 것은 분명 기적이다. 그러나 부실한 목화 그물이 153마리나 되는 큰 물고기들의 중량을 완벽하게 견뎌낸 것은 그보다 더 큰 기적이다. 저자 요한은 의도적으로 이 사실을 강조한다. "이같이 [큰 물고기가] 많으나 그물이 찢어지지 아니하였더라"(요 21:11).

주님께서 처음 베드로와 세베대의 아들들을 부르실 때도 기적적 포획의 역사가 있었다(눅 5:1-11). 그러나 그때는 그물이 찢어졌다. 아니, 그런데 이번에는 어떻게 그물까지 성할 수 있을까? 지금 도대체 무슨 일이 벌어지고 있는 것일까? 주님께서 지금 무슨 일을 하시려고 하는 것일까? 이 사건을 통해 무슨 말씀을 하시려고 하시는 걸까?

말기 암 환자가 기도를 통해 회복되면, 흔히들 기적이 일어났다고 말한다. 그러나 스트레스와 고통이 극심한 삶 가운데도 암에 걸리지 않는 것 역시 기적이다. 우리는 '기적'을 논할 때 보존의 은혜보다는 극적인 치유에 편향적으로 초점을 두는 경향이 있다. 그러나 극적 치유만 기적은 아니다. 냉혹하고 버거운 삶과 사역의 현장 한복판에서 우리를 보존하시는 것 역시 주님이 베푸시는 생생하고 놀라운 기적이다.

제자들은 디베랴 바다에서 이중의 기적을 경험했다. 그들에겐 엄청난 포획이 기적이듯 목화 그물의 특별한 보존 역시 기적이었다. "이같이 많으나 그물이 찢어지지 아니하였더라"라는 요한의 목격담은 연약하고 깨어지기 쉽고 흠 많고 실수투성이인 제자들을 보호하시는 주님의 은혜에 대해 잠시 멈추어 묵상하도록 우리를 초청한다(시 46:10 참조). 찢어지지 않은 그물은 주님께서 제자들, 나아가 그의 몸 된 교회와 그 사역을 보존하신다는 상징이다(요 6:39; 10:28-29; 17:12; 18:8-9 참조). 교회와 그 사역에 대한 주님의 보호하심은 목양의 사역을 위임받은 베드로의 보존과도 밀접히 연결되어 있다(요 21:15-19 참조). 베드로가 또다시 주님을 부인하고 믿음을 타협한다면(18:17, 25, 27 참조) 그가 돌보는 양 무리들이 참혹하고도 파괴적인 타격을 입게 될 것이기 때문이다.

사실 개인에게나 공동체에나 미래는 항상 불확실해 보이지만, 지난 일은 더 선명하게 보이는 법이다. 지난날들을 생각해 볼 때, 주님의 도우심이 없었다면 벌써 쓰러져서 못 일어날 일들이 여러 차례 있었다. 지난 한 해 삶이 늘 쉽진 않았지만 여기까지 온 것은 오직 주님의 은혜다. 주께서 그의 은혜로 연약하고, 부족하고, 죄악된 우리를 붙잡아주시고, 인도해 주시고, 보존해 주셨다. 그래서 우리가 지금 여기까지 올 수 있었다(삼상 7:12 참조).

사실 다가오는 새해도 그리 다르지는 않다. 우리 안에서 그리스도의 형상을 이루어가시는 주의 영을 통한 새 창조의 역사 가운데 올해보다 더 충성된 새해, 그리고 올해보다 더 신실한 새해를 믿고 기대하지만, 또 마땅히 그렇게 해야 하지만, 그렇다 해도 우리는 주님 앞에서 여전히 연약하고 부족하고 실수 많은 존재로 남아있을 것이다. 주님께서 다시 오셔서 구속의 역사를 완성하시는 그날까진 말이다(요 21:22 참조).

하지만 그럼에도 불구하고 지금까지 우리를 붙잡아주시고, 보존해 주신 은혜의 주님께서 새해에 그리고 이 땅에서 우리 생을 마감하는 그 날까지 목화 그물처럼 연약한 우리를 그렇게 보호해 주시고 지켜 주실 것을 믿는다. 그 가운데 연약하고 부족한 우리를 통해서도 하나님 나라의 귀한 역사를 이뤄 가시는 기적을 베푸실 것 또한 믿는다.

그렇다. "사망이나 생명이나 천사들이나 권세자들이나 현재 일이나 장래 일이나 능력이나 높음이나 깊음이나 다른 아무 피조물이라도 우리를 우리 주 그리스도 예수 안에 있는 하나님의 사랑에서 끊을 수" 없다(롬 8:38-39). 그렇기에 나는 이 시간 주님을 신뢰하고 새해에도 주께 모든 것을 의탁할 것이다. 그리고 시시때때로 이 말씀을 기억할 것이다. "이같이 많으나 그물이 찢어지지 아니하였더라"(요 21:11).

송구영신 묵상2
참된 진보를 이루는 한 해

막10:46 그들이 여리고에 이르렀더니 예수께서 제자들과 허다한 무리와 함께 여리고에서 나가실 때에 디매오의 아들인 맹인 거지 바디매오가 길가에 앉았다가

10:47 나사렛 예수시란 말을 듣고 소리 질러 이르되 다윗의 자손 예수여 나를 불쌍히 여기소서 하거늘

10:48 많은 사람이 꾸짖어 잠잠하라 하되 그가 더욱 크게 소리 질러 이르되 다윗의 자손이여 나를 불쌍히 여기소서 하는지라

10:49 예수께서 머물러 서서 그를 부르라 하시니 그들이 그 맹인을 부르며 이르되 안심하고 일어나라 그가 너를 부르신다 하매

10:50 맹인이 겉옷을 내버리고 뛰어 일어나 예수께 나아오거늘

10:51 예수께서 말씀하여 이르시되 네게 무엇을 하여 주기를 원하느냐 맹인이 이르되 선생님이여 보기를 원하나이다

10:52 예수께서 이르시되 가라 네 믿음이 너를 구원하였느니라 하시니 그가 곧 보게 되어 예수를 길에서 따르니라

이하의 내용 중 일부는 이장렬, 『바디매오 이야기』(요단출판사, 2019) 제10장 및 "맺으면서"에서 가져와 개정했습니다. 해당 내용은 요단출판사의 동의를 얻어 사용했습니다.

많은 사람들이 새해에 진보를 이루기 원한다. 학생은 학업에서, 직장인은 자기 일터에서, 부모는 가정 특히 자녀의 삶 가운데 진보가 있기를 소원한다. 목회자와 헌신된 성도들은 섬기는 교회가 진보하기를 원한다. 그리고 많은 이들이 자신의 삶 가운데 내적, 외적인 진보를 원한다. 우리는 이처럼 '앞으로 나아가기'를 원한다.

그러나 우리가 앞으로 나아가기 원하는 것에 비해, 어떻게 어디로 나아가야 할지에 대한 진정한 관심은 의외로 적다. 그렇기에 남들이 좋다는 곳으로 따라가고 유행과 시류에 휩쓸려 딸려간다. 열심히 살고 부지런히 일하며 바쁘게 지낸다. 때론 성공을 이루고 몇 가지 일을 성취하는 듯 보인다. 하지만 많은 경우, 진정한 뜻에서 진보는 없다. 과연 어떻게 하면 참으로 진보를 이룰 수 있을까? 어떻게 하면 우리 삶이 의미 있는 방향으로 나아갈 수 있을까?

위에서 읽은 본문(막 10:46-52)은 바디매오라는 인물을 소개한다. 길가에 앉아 흑암 가운데 구걸로 연명해야 했던 바디매오의 소외된 인생에 빛 되신 주님께서 도래하셨다. "다윗의 자손이여 나를 불쌍히 여기소서"라는 그의 간절한 외침에 제자들과 무리는 혹독한 꾸지람으로 반응했지만 예수님만은 그를 긍휼로 맞아 주셨다. 주님은 바디매오라는 한 영혼을 위해 예루살렘으로의 행차를 전면 중단하셨다. 그를 친히 부르셨고, 그의 눈을 활짝 열어 주셨다. 그러나 바디매오 이야기는 거기서 바로 끝나지 않는다.

은혜와 긍휼의 주 예수님을 만난 바디매오의 삶은 그분을 따르는 제자도로 이어진다. 바디매오는 예수님이 그를 부르실 때 자신의 생존의 끈인 겉옷마저 일체의 주저함 없이 뒤로 한 채 기쁨으로 박차고 일어나 주께 나아갔다. 그리고 주께서 바디매오에게 시력을 허락하셨을 때 그는 그 선명한 시력으로 앞서가시는 주님을 바라보며 그분을 뒤에서 좇는다. 마가는 바디매오가 예루살렘으로 향하는 그 도상에서 예수님을 따르고 있는 생생한 장면으로 이 본문을 종결짓는다(막 10:52).

방금 바디매오 본문이 어떻게 종결되는지에 주목했다. 예수님은 예루살렘으로 향하시고 바디매오가 그 예수님을 뒤따라가는 동영상같이 생생한 장면이 이 이야기의 마무리다. 그런데 지금 이 시점에서 예수님은 왜 예루살렘을 향해 올라가시는가? 예수님이 예루살렘을 향해 가시는 목적은 무엇인가? 성지순례를 위해서? 특정 절기를 지키시기 위해서? 휴가나 안식년을 보내기 위해서? 성경연구를 위한 자료수집을 위해서? 특정인들과의 네트워킹을 위해서? 예루살렘 지역 문화를 탐방하시기 위해서? 어떤 유력 인물과 약속이 있으셔서? 모두 아니다. 예수님이 지금 예루살렘으로 올라가시는 이유는 바로 십자가에 달려 죄악된 이스라엘과 타락한 인류를 위해 대신 죽으시기 위함이다(막 8:31; 9:31; 10:33-34; 10:45; 14:24; 15장 전체). 예수님은 그같은 뚜렷한 방향성과 분명한 소명의식을 갖고 예루살렘을 향해 올라가고 계신다(10:33-34; 11:1). 그리고 바디매오는 그 예수님을 뒤따르고 있다(10:52).

마가복음은 바디매오를 위해서 기록된 게 아니다. 그랬다면, 마가복음이 아마 헬라어 대신 아람어로 쓰였을 것이다. 마가는 주후 60년대 그리스도에 대한 믿음 때문에 많은 핍박을 당하고 있는 로마의 이방인 성도들을 위해 그의 복음서를 기록했다. 바디매오가 예수님을 좇는 인상적인 장면(막 10:52)을 접하면서 마가의 최초 독자들은 자신들의 예수 좇음에 대해 생각했을 것이다. 저자 마가와 로마에 거주하던 그의 최초 독자들에게 있어 예수님을 좇는다는 것은, 주님이 가신 십자가의 길을 충성되이 따라간다는 구체적이고도 선명한 뜻을 지닌다. 예수님과 복음 때문에 겪게 되는 불편, 고난, 핍박 그리고 순교까지라도 기꺼이 감내하고, 나아가 이를 소명과 특권으로 끌어안는다는 뜨거운 의미를 갖고 있다(막 8:34 이하; 10:29 이하).

그리스도의 제자 된 우리는 - 바디매오가 그랬듯 - 예수님을 통해 치유되고 회복된 이들이다. 길 귀퉁이에 앉아 있다가 주님의 부르심을 받고 뛰어 나아가 그분의 은혜와 긍휼을 경험한 자들이며, 그리스도의 행진에 동참한 이들이고, 죽음에서 생명으로 옮긴 성도들이다. 주님의 은혜로 길가에서 도상으로 옮겨진 제자들은 그들에게 주어진 그리스도의 부활 생명(롬 6:1-14)으로 인해 매일 잔치를 벌여야 한다. 그러나 동시에 예수님의 제자로서 그의 부활 생명을 힘입어 십자가를 지는 삶을 살아야 한다(막 8:34; 눅 9:23). 십자가를 지고 예수님을 좇아야 한다. 십자가의 길에서 예수님을 따라야 한다.

우리가 맡겨 주신 십자가를 지는 일 없이 '새 생명을 소유했다'고만 고집한다면, 그런 주장은 종교적 소음일 뿐이며 우리가 소유했다는 '새 생명'도 실은 빈 껍데기일 뿐이다. 무게가 버겁다고 우리에게 맡겨 주신 십자가를 내려놓는다면, 결국 주님 따르는 좁은 길을 떠나 세상 사람들이 따르는 크고 넓은 길을 걷는 것이 된다(마 7:14). 데마처럼 세상을 사랑하여 떠나가는 꼴이 된다(딤후 4:10).

우리 모두는 삶의 분주하고, 치열하고, 각박하며 때론 처절한 삶의 현장 가운데서 다른 그 누구도, 무엇도 아닌, 바로 십자가 지신 예수님을 좇아야 한다. 예수님이 베푸시는 놀라운 은혜와 긍휼에 대한 체험은 그리스도를 위한 불편, 손해, 고난 감수로 이어져야 한다. 하나님 나라의 복음을 위해 기꺼이 대가를 지불하는 삶으로 연결되어야 한다(막 8:34; 10:29-31; 눅 14:25 이하 참조).

서두에서 이런 질문을 했다. '과연 우리가 어떻게 하면 참된 진보를 이룰 수 있을까?' '어떻게 하면 우리 삶이 의미 있는 방향으로 나아갈 수 있을까?' 그 답은 오직 하나다. 예수님을 따라가면 된다. 모두가 새해에 진보를 이루기 원하지만, 예수님을 따라가기 원하는 사람을 소수다. 하지만 진정한 진보는 십자가 지신 예수님 그분을 따라갈 때에 가능하다. 십자가의 길에서 예수님 그분을 친밀하고 신실하게 따르는 것이야말로 – 지금 우리 개인과 가정과 교회가 처한 위치와 상황에 관계없이 – 모든 제자들이 반드시 추구해야 할 새해 목표다.

새해에 우리 개인과 가정과 교회는 매일 예수님을 따르는 것을 목표로 삼아야 한다(눅 9:23). 그렇게 예수님을 따르다 보면 그리고 그분이 앞서 가신 십자가의 길을 좇아가다 보면, 우리도 모르게 우리가 나아가야 할 바로 그 길로 가고 있음을 깨닫게 될 것이다. 참된 진보를 경험하게 될 것이다. 우리의 발걸음이 헛되지 않으며, 의미 있는 움직임이라는 사실을 발견케 될 것이다. 바로 예수님 자신이 '길'이시기 때문이다(요 14:6).

우리는 완벽하지 않다. 사실 그로부터 거리가 멀다. 그렇기에 새해의 연말에 다다랐을 때 우리 자신의 부족하고 연약한 모습 때문에 안타까워할 일들이 여전히 남아있을 것이다. 하지만 새해 우리의 삶의 주방향이 '십자가의 길에서 예수님 그분을 따르는 것'이라면 이번 새해는 분명 참된 진보를 이루는 의미 충만한 시간이 될 것이다.

새해에 예수님 따라가는 것을 궁극적 목표와 방향으로 삼는 모든 분들을 응원한다. 새해 주님께서 우리에게 맡겨주신 경주를 완주하시기를 응원한다. 우리가 져야 할 십자가를 특권과 소명으로 여기며, 절대 중도에 포기하지 마시기를 응원한다. 그 가운데 참된 진보, 그러니까 하나님 나라 관점에서 의미 충만한 도약을 이루시기를 간절히 바란다.